ZEN心理療法

安藤　治

駿河台出版社

はじめに

現代の心理療法の広がりには眼を見張るものがある。病院や心理相談室といった場所で行われているものだけでなく、大衆化した「セラピー」と呼ばれるものまで含めると、心理療法はまさに百花繚乱、社会の中に「氾濫」している。それらを支える理論や技法もまた当然だが、枚挙にいとまなく、各種各様である。

精神分析、来談者中心療法、行動療法、認知療法、交流分析、実存療法、芸術療法、内観療法、自律訓練法、ゲシュタルト療法、バイオフィードバック療法、フォーカシングなどなど、確立された心理療法と呼べるようなものだけでも、次から次に挙がってくるだろう。

発達した情報化社会を背景に、これらの「治療法」が、民間・専門家を分かたず入り交じり、「癒しの時代」とも呼ばれるような特異な様相を繰り広げている。これらの療法についてはおそらく、少なくとも名前だけはよくご存知ではないだろうか。

裏返せば、現代人はそれほどまで「病んで」おり、多くの人がさまざまに(心の)

「治療」というものを必要としているということなのかもしれない。

書店に行けば、これらの解説書や理論書、実用的実践書がたくさん並んでいる。そしてそのそれぞれに、専門家、第一人者とされる方々がおられるのである。

本書は『ZEN心理療法』について述べようというものである。

これほど数多い心理療法に、また「新たな心理療法」を提言する必要があるのか、と訝《いぶか》しく思う方がおられても当然のことであろう。

しかしながら、本書で述べたいことは、決して新種の何か画期的な心理療法を紹介したいということではない。近代西洋社会に生まれた心理療法という見地からすれば、従来にない「新しい」こともあろう。だが、本書が中心に置くのは〝ZEN〟つまり「禅」。言うまでもなく、わが国で古くから伝えられてきた（宗教的）伝統のことである。

ただし本書は、「禅」ではなく〝ZEN〟をタイトルに掲げた。それには理由がある。この英語の表記によって、いま括弧にくくった「宗教」という用語に捕らわれない見方を重視している点が一つ。そしてまた、この言葉によって、日本の「禅」のことだけでなく、数千年の長きに渡って大切に引き継がれてきた「瞑想」という人間の営為の伝統を広く含めたいと考えているのである。

この「瞑想」が、本来、心理療法としての側面をもっていたと見ることは可能であり、その視点こそが、現代においては特別に重要な意味を持つと私は考えている。そして、その可能性を切り拓《ひら》こうとする試みが、すでに現代の西洋社会で様々に行われてきているのである。

現代になって西洋に生まれた、瞑想を治療に応用する様々な試みを、「ZEN心理療法」という言葉で括り、述べてみたい。二十数年の精神科医としての臨床経験にも基づいて、この新しいネーミングの元で是非とも伝えられたらと思っていることがある。それが本書である。

禅という言葉は、日本人であれば、知らない人はいないだろう。しかし、禅とは何かと言われて的確に説明できる人は数少ない。「禅」はすでに西洋人の方がよく知っていると言えるような状況さえあるように思われる。あえて漢字の「禅」を使用しないのも、本書がまず、欧米の心理療法の発展として生まれてきたものに注目し、それを出発点にしているからである。

現代の欧米で広く使われている〝ZEN〟は、日本語の「禅」よりも幅広い意味合いが含まれ、「瞑想」そして「仏教」とも同義語として使えるものである。そのため、本書のタイトルには、本書の内容が、現代の心理療法と「瞑想」や「仏教」との接点を追求したものであることも含意させている。

「瞑想心理療法」あるいは「瞑想療法」という言葉もあり得るだろうが、それもあえて使わないことにした。というのは、本書では、ZENという用語を使うことによって、心理療法という視点を切り口にしながらも、さらにより大きな目的を見据えたいと思っているからである。

すなわち、現代のわが国の今後の行く末にとって非常に重要な課題と考えられる、日本の優れた伝統的精神文化の再認識・再発見の可能性をも視野に含めて考えて行きたいという気持ちを強く持っているからだ。

治療としての心理療法への関心に留まらず、読み進みながら折々に、この問題意識についても考えて頂ける機会があれば幸いである。

本書の内容は四つの章で構成されている。第一章では、本書のタイトルである「ZEN心理療法」に関して大まかに概観している。目新しい題目であるため、より広い角度からの可能性を描き出しながら、おおよその枠組みをもって頂けたらと考えている。

第二章では、その実践について、筆者自身の経験した例や工夫も交えながら、具体的に述べることに努めている。現代の精神科医療や心理臨床の実践に、ZENや瞑想がどのように組み込まれる可能性があるのか、そしてその有用性について考えていただける章になることを目的にしている。実際に応用されたＺＥＮや瞑想の方法については、本書の最後に補遺章を設けて記したので、興味のある方には参照していただけるよう工夫してある。

第三章では、ＺＥＮや瞑想の実践が、治療者あるいは対人援助に携わる者にとってどのような意味をもっているのか、という主題に焦点を当てている。瞑想の実践は、クライエントにとってより、むしろ治療者側にとってこそ、大きな意義があるとも考えている。現代においてはとくに、それらの実践に携わる際、忘れてはならない重要な姿勢や態度を振り返らせてくれる貴重な要素があるにちがいない。具体的には、「思いやり」という言葉や「自己覚知」という言葉がキーワードである。実際に治療や援助に携わる方々、またこれからそうした職業を目指す人々に、思いがけない視点がもたらされることを期待したい。

そして最後に第四章では、ＺＥＮや瞑想の体験への理解をより具体的に平易な言葉を使って述べながら、多くの人々が「自己成長」をめざして行う「自分自身のための心理療法」という視点で、「ＺＥＮ心理療法」を改めて考え、役立てていただけるよう努めている。治療家に限らず、それぞれの方が少しでも、瞑想を日常生活に取り入れてみようという気持ちを持っていただけるようなことがあれば、それが本書の一番の願いである。

目次

第一章

ＺＥＮ心理療法とは何か

1. ZENの広がり

本書の「ZEN心理療法」は、一つのまとまった治療体系を言い表すものではない。様々に存在する現代の心理療法や精神科診療に、〝ZEN〟つまり「瞑想」をいかに応用できるかについて探ったものと考えて頂ければよいと思う。

ただし、本書で述べてゆく「心理療法」は、従来の（病いのための）「心理療法」という枠組みに立つものだけでなく、それを越えた、（自己成長のための）「現代心理療法《セラピー》」という視点をも取り入れて考えて行きたいと思っている。

つまり、治療家やカウンセラーと呼ばれる人々のための専門的治療法という点にだけではなく、最終的には、この現代社会で暮らす個人個人にとっての「自分のための心理療法」という点にまで視野を広げて述べて行くことにしたいのである。

〝ZEN〟は、本書では「瞑想」つまり英語の“meditation”とほぼ同義語と考えて頂いて差し支えない。近年ではカタカナの「メディテーション」という言葉がすでに耳慣れたものになっているように思うのだが、「メディテーション」という言葉には実際、どのようなイメージを抱かれるだろうか。

日本人であればおそらく、多くの人が即座に「坐禅」する姿をイメージされるだろう。寺や仏教などとはまったく無縁に育った人でも、またそれを実際には一度もしたことはなくとも、禅寺で修行僧たちが、背筋をピンと伸ばし、引き締まった表情で端座する様子は、私たちの記憶の片隅に子供の頃から馴染み深い光景になって残っているはずである。

「瞑想」という言葉は、本書でももちろん、この「坐禅」をもっとも代表的イメージとするような、人間のある種の実践的営みを指す言葉である。

しかし、ますますスピードを増しながら世界規模で情報が飛び交うこの時代のなかで、「瞑想」という言葉は、外国からもさまざまな媒体《メディア》を通して浸透してきており、現代では、もともとの日本語としての意味に加えて、徐々に定着しはじめた外来語としての要素も色濃く重ね合わされているように思われる。

この「瞑想 meditation」は、西洋社会に東洋宗教が広がっていった過程で、「禅」のみならず、他の仏教、すなわちチベット仏教や東南アジアなどのテーラワーダ（上座部）仏教などに伝えられてきた「意識鍛錬」のための方法すべてを含めて、そう呼ぶようになった言葉である。

ただし、これらの「瞑想」が西洋の一般社会に広がってゆく口火を切ったものが日本の〝ZEN〟であった。そのため、この〝ZEN〟は、西洋では非常に幅広く瞑想や仏教一般を指して使われる言葉にもなっているのである。本書の〝ZEN〟は、このように現代（西洋）社会の世界的な場で使われるようになったきわめて幅の広い使用法を念頭に置いている。

従って、本書で使用されている〝ZEN〟が、必ずしもわが国の「禅」ないしその伝統に連なる「坐禅」を意味しない部分も見られることをはじめにお断りしておきたい。また、瞑想を現代的にどのように定義するかという問題については、他書(6)で詳しく述べたことがあるため、本書では省くことにする。

禅の伝統に携わってこられた方にとっては、〝ZEN〟と「瞑想」を同義語として扱うことに反対の方もおられるであろうが、「瞑想」という現代の用語の使用によってこそ、新しい研究や社会での応用など意義ある試みが開かれ、本書のような視点やアプローチが生まれてくることを、ここでは強調して述べておこう。

2．ZEN心理療法への道程

現代社会に存在する数々の「心理療法」は、そのほとんどが西洋社会で生まれ磨かれてきたものである。本書の「ZEN心理療法」も、その発展の延長上で、わが国の「禅」に熱い視線が注がれて生まれてきたものを指している。

わが国には、「森田療法」や「内観療法」など日本固有の確立された心理療法体系がいくつか存在するが、本書で述べる「ZEN心理療法」は、「禅」を指すものではあるが、あくまでも西洋由来のものであるという点で基本的出発点が異なっていることは記しておこう。

ただし、本書のスタンスは、決してただ「進んでいる」西洋を追いかけようとするものではない。そうではなく、むしろ最終的には、「西洋への追随」を乗り越えていくことを目的にしていると考えていただきたい。

だが、乗り越えるためにはそれをよく知っておくことが先決であろう。

ここではまず、現代の西洋社会に心理療法として生まれ発展してきた「ZEN心理療法」への基本的視点をもって頂くことを目的に、その出発点になった西洋社会での心理療法と仏教との出会いを見ておくことにしたい。

禅仏教と心理療法の出会い

仏教と心理療法が出会うきっかけになった出来事はいくつか挙げられるが、なかでも特筆すべきことは、一九五〇年代に精力的に行われた、他でもないわが国の禅学者・鈴木大拙博士による「禅」ないし〝ZEN〟の西洋英語圏への紹介である。それらは実際、現代の新しい心理療法の発展にも少なからぬ影響を与えてきたものである。

鈴木大拙の英語による著作は、『禅仏教入門』や『禅と日本文化』等の代表作が数々存在しているが、心理学ないし心理療法との接点という点では、後の発展から見て最も大きな影響を与えたものとして、エーリッヒ・フロムとの共著の形で出版された講演集『禅と精神分析』(95)を挙げることができる。

この著作では、フロムが禅に対する精神分析的見地からの意見を詳しく述べ、西洋人の理解と関心を強く沸き立たせた。一方、大拙もまた「無意識」等の用語を駆使しながら、宗教とは離れた立場に立って禅のエッセンスを語り、丁寧に理解を促す努力を行っている。禅に対して西洋の学問的立場から極めて共感的な理解がなされたことが、後の発展に大きな影響を与えた著作である。

『禅と精神分析』は一九六〇年に刊行されたものだが、この翌年には、アラン・ワッツによる『心理療法――東と西』(104)が出版されており、西洋の知識人たちにとっては、この著作もまた、強い影響を与えたものとして見過ごされてはならないものである。ワッツのこの著作は、東洋宗教として括られる種々の伝統的修行体系が、西洋における心理療法と同等にみなせるという視点を——その内容よりもタイトルによって——多くの人々に広く植え付けるものとなった。

この二つの著作は、わが国でも即座に翻訳が出版されているし、その影響力は世界的にも多大だったようである。しかし、後の展開を見ると、それはまだ知的好奇心レベルや一部の知識層の関心事に限られていたようである（日本では完全にこのレベルで留まったままだったと考えられる）。

ところが（西洋社会では）、六〇年代後半になってくると特に、各種の「対抗文化」の動きとも連動して、これらの知的関心のみに留まらない東洋宗教の具体的実践が、一般社会のなかに次々と流入する時代を迎えることになった。仏教という「宗教的伝統」において行われてきた諸実践、すなわち「瞑想」が、ここにおいて「心理療法」のさまざまな実験的試みと融合し合う契機が生み出されていったのである。

アメリカ社会への仏教の浸透

ここでは東洋宗教（仏教）の流入に関して、アメリカの状況にだけ簡単に触れておこう。

その影響力という点では、やはり「禅」の普及が、まず第一に挙げるべき重大なものである。一九六七年、鈴木俊隆老師によって設立された「サンフランシスコ禅センター」は、七〇年代を通して、東洋に注目する新しい文化的動きのメッカとも言える代表的存在になっていった。

「禅」はこのことによって、当時すでにあった大拙による知識層に限定された関心を越え、具体的実践を通して西洋文化のなかに浸透していったのである。実際、サンフランシスコ禅センターには、当時の多くの著名人が関わりをもち、各種の芸術的活動等にも波及しながら、社会的文化的にも大きな影響力が見られた。

また、こうした動きは、禅だけでなく、インドの瞑想アシュラム（道場）の指導者（グル）やチベット仏教の指導者（リンポチェ）たちの移住が次々に行われていったことなどによっても大きな広がりをもつようになっていった。瞑想という実践法に限って言えば、当時もっとも一般に広がりをもったTM（超越瞑想）の影響は見逃すことはできない。

また、ケネディ大統領が送り込んだ東南アジアへの平和部隊の経験者たちが、現地でテーラワーダ（上座部）仏教の修行を積み、ヴィパッサナ（観法）と呼ばれる瞑想を紹介したことも、その後から現在までの状況を見ると、大きな影響を及ぼしたものとして挙げておく必要がある。

このような種々の東洋宗教の流入が具体的な実践をも通して大規模にはじまったことによって、そこで中心的に行われる瞑想・仏教は、徐々に多くの一般の西洋人にも身近に実践できるものとして浸透してゆく結果となった。

当然ではあるが、そうした東洋的思想や実践に、合理的・科学的思考を身につけた西洋人たちがただ素直に従ってばかりいるわけはない。さまざまに懐疑的意見や反発も膨らんだし、実際、そうした東洋の指導者たちのなかには——活動が大きく広がれば当然ではあるが——いかがわしい者もいて、問題は少なからず見られた。

しかしその後、半世紀にもなる現在では、過去の乱立状況は姿を消し、その代わりに成長を遂げ確立された組織が数々発展するようになり、瞑想ないし仏教的実践はますます広がりをもって西洋社会のなかに普及している様子が見られる。現在では、長期の修行期間を経て十分な指導資格や能力をもった西洋人が数多く輩出している状況が見られるのである。

また、こうした一般社会への広がりを背景に、瞑想に対する科学的（心理学的）研究も徐々に活発に行われるようになっていった。実際、現在瞑想に関する科学的研究論文の数は千五百本を超えるほどにまで増えている。

瞑想の科学的研究のより詳細については、拙著『瞑想の精神医学』（春秋社）(6)を参照いただけると幸いであるが、研究の姿勢や視点は、初期のかなり先入観に彩られた懐疑的・否定的な意見や、逆に過度に賛美するような意見が出された時期を過ぎて、近年では冷静で着実な研究が行われるようになってきている。

瞑想は現在、こうした研究努力とも手を携えながら、徐々に心理療法や医療の現場のなかにも持ち込まれはじめ、実際に治療に役立てるための努力がさまざまに試みられるようになっている。仏教や瞑想は、実際の心理療法として、宗教という枠組みを完全に脱して、現代社会の各所でさまざまに活用されるようになってきている。

3. 心理療法としてのＺＥＮ

西洋社会に仏教や瞑想が流入していった状況は、心理療法にも少なからぬ影響を与えるものとなった。それは時代の移り変わりのなかで要請された自然な結果なのであろう。

先に挙げた『禅と精神分析』のなかでエーリッヒ・フロムが述べていた言葉には、その時代変化を深く見つめた洞察が簡潔に記されているように思われるため、ここで噛みしめておきたいと思う。

「西洋の文化の根源はギリシャもヘブライも人生の目的を人間の完成に置いたが、現代人は物の完成と、いかにしてそれを造るかの知識に第一の関心を寄せている。西洋人は感情経験に対し精神分裂病的無能力の状態にある。それで彼は不安であり、憂鬱であり、絶望的である。彼は幸福とか、個人主義とか、主導性《イニシアティブ》とか、立派な口先だけの目標は掲げるけれども、本当は目標がないのである。何のために生きているのか、彼のあらゆる努力の目的が何であるかと尋ねられると、――彼は当惑するに違いない。ある人は家族のために生きているとか、またある者は『楽しむために』とか、またある者は金を儲けるためとかいうだろうが、実際のところ何人《なんぴと》も何のために生きているのか知らないのである。彼は不安と孤独を逃れようとする要求以外には目標をもたない」[95]。

フロムのこの言葉は一九六〇年に述べられたものだが、状況は四〇年以上経った今でもほとんど変わることなく、現代人の精神の在りようを示しているように思われる。またそれは現代のわが国においてもそのまま当てはまることに異論はないだろう。

世紀の病い

フロムは、こうした時代のなかで心理療法を求める人々の種類がかなり変化していることを指摘して、次のようなことを述べている。

二〇世紀はじめのフロイトの時代、精神科医のもとを訪れるのは、強迫行為などを代表とする諸「症候」に悩む人々がほとんどだった。それゆえ、こうした人々にとって心理療法（精神分析）は、彼らの症状を取り除き、社会的に働けるようにすることをめざす治療法であった。

しかし、そうした人々は今日では少数派である。現代ではそれに代わって新しい患者、つまり時代状況と関連した不安や内面的な生命の喪失といったものに悩む人々が増えている。

彼らは、気が沈むとか、不眠、結婚生活がうまくいかない、仕事がおもしろくないなどといった悩みをかかえて訪れ、そうした悩みが取り除かれるならば、よくなると信じている。しかし彼らは、自分たちの問題が、本当はそのような悩みの問題ではないことをわかっていない。そして自分たちが本当に何を悩んでいるのかを知らずに心理療法家のもとを訪れているのである。

フロムによれば、こうした種々の悩みというものは、「自分自身からの疎外、自分の仲間からの疎外、自然からの疎外」を意識的な形で表現したものである。彼らは、ありあまるものの最中で生活しながらも、本当に生きていないこと、本当の喜びがないということを表現しているのである。

このような意見は、さまざまに「症状」を違えても、現代の心理療法に携わっている人であれば、十分に納得のゆくものであろう。私の精神科医としての臨床経験のなかでも、近年ではとくに、そのような人々が増えてきているという実感を強くもつ。

フロムは、それを「世紀の病い」と呼んだが、現代という時代と関連して現れてきたこのような状況に悩む人々に対しては、心理療法の意義は昔とはかなり違うものに変化してきているにちがいない。つまり、心理療法が提供する助けは、症候を取り除くという「治療」とは違うものであり、また違ったものでなければならない。疎外に悩む人々にとって、治癒とは「病気がない」ということではなく、最良の状態（well-being）を達成するということなのである[95]。

このような観点に立てば、現代の心理療法には、明らかに初期の精神分析などとは治療目的を異にした理解（心理学）や技法が要請されていることになる。フロムが精神分析的立場から禅に接近したのも、この理由からであろう。

フロムの努力以来、西洋心理学と東洋心理学との交流は、今もますます盛んに進められているが、現在仏教や瞑想に強い関心を寄せる心理療法家たちが増えているのも、彼らが行っている仕事との関わりを実際に密接に見出しているからなのである。

現代では、「宗教の形骸化」や「哲学の専門職化」などから、仏教に新たな目が注がれ、それを心理学として捉える視点が求められている[16]。仏教と西洋心理学との接点を追求し、両者のより深い交流を求める動きが、実際の臨床活動からの関心としても高まってきているという点はかなり重要なことであろう。

4．ストレス・リダクション（低減）のためのZEN

フロムの「世紀の病い」は、現代では、「ストレス」という言葉によってうまく覆い隠されているように見受けられる。

疲労感や不眠、動悸や不安感など種々の自律神経系の失調症状、高血圧、胃の不快感や痛み、吐き気、めまいなど、さまざまな症状が、「ストレス」が原因という説明で多くの人にうなずかれる。「ストレス・クリニック」という名の医療施設も次々に生まれ、「癒し」という言葉が盛んに使われる昨今である。

西洋でZENないし瞑想が心理療法として治療的価値を見出されたのは、ここからはじまったという面もある。医学の場において、血圧降下作用などをはじめとする、主として生理学的臨床効果を調べようとした瞑想の研究への注目が集まるようになったからである[66]。

医学の歴史のなかでは、近年になって「心身症」という概念が生まれ、身体症状に潜む心理的原因の重要性に目を向ける治療的アプローチが、内科ないし心療内科などの領域でも注目されるようになり、従来精神医学のなかだけで行われてきた心理療法的アプローチがさまざまに応用され、広がるようになって行ったという経緯がある。

もともとの「心理療法」は、心理学的要因が原因として深く関わっているとされた（いわゆる精神科領域の）疾患に対して、対話などを通して治療を行おうとする方法を指すものだが、いま述べた「心身症」や「ストレス」といった考え方を基礎にして、現代医学のなかには、「自律訓練法」や「バイオフィードバック療法」など、いわゆる自己訓練や自己コントロールを目的にした行動療法的技法も数々生み出されている。

本来の心理療法とは異なるものではあるが、これらの自己訓練的な心理療法が数々出現してきたことによって、瞑想も現代の医学的治療のなかで一つの心理療法としての位置をもつようになった。一般社会のなかで「セラピー」として応用されていた状況などにも遠くから支えられ、瞑想は医学のなかにもこのようにゆっくりと浸入し、ついに医学的心理療法の一つとして検討されるべきものにまでなってきたのである。

すでに瞑想によって身体に有益な生理学的指標の変化が引き起こされることを報告

した研究は数多く見られる。現在一応の合意が得られていると思われる研究成果を挙げてみると、瞑想は、酸素消費、二酸化炭素産出、呼吸数、心拍数、心拍出量、血圧、体温などを低下させ、皮膚抵抗の増大などを引き起こす働きがあるとまとめることができる[89]。これらの変化は、ひとまとめに「リラクセーション反応」と呼ばれている[20]。

ストレス・クリニックにおける瞑想

アメリカでは現在、瞑想を中心に据えた「ストレス・リダクション（低減）」を目的とする公的医療施設がいくつか実際に存在する。そのもっとも代表的なものは、マサチューセッツ大学メディカル・センターのストレス・リダクション・センター（ストレス・クリニック）である。

この施設では、ヴィパッサナ瞑想（マインドフルネス瞑想）（補遺章参照）の長年の経験を積んできた心理学者ジョン・カヴァットジン[51]が中心になり、すでに十五年以上の歴史をもったプログラムが実施され続けている。

ここでは、ごく簡単に、このストレス・クリニックで行われているプログラムを紹介しておこう。

「ストレス・リダクションとリラクセーション・プログラム」は、八週間にわたって実施されている。参加者は毎週二時間、「マインドフルネス瞑想」と、「ボディー・スキャン」と呼ばれるヨーガや自律訓練法に似た運動が組み合わされたクラスに参加する。そして、自宅での「ホームワーク」が毎日テープやビデオなどを使用して行われながら、途中六週目には、七時間半もの集中的な瞑想リトリート（合宿）も加えられるのが一般的なコースである。

プログラムに参加する人には、身体的・感情的症状を列記した一一〇項目ほどの質問リストが配られる。その集計結果によれば、参加者が抱えている症状の一人あたりの平均は、一一〇項目のうち二二項目にものぼっている。

患者として訪れる人々のなかには、心臓病、癌、肺疾患、高血圧、頭痛、慢性的な痛み、不眠症、皮膚病などさまざまな医学的問題を抱えた人たちが含まれ、長年医者にかかってさまざまな医療処置を続けているにもかかわらず、ほとんど効果が現れないといってやってくる人々（慢性的症状に悩まされてきた期間は平均七年間）も少なくないということである。

しかし、報告によれば、プログラム終了時には、平均が一四項目にまで減り、三六パーセントも症状が減っているという結果が出されている。これは、参加する人々が長い間さまざまな症状を抱えていた人々であることを考えると、驚くほどすぐれた数字と言ってよい。

このプログラムを通過していった人々の数は、すでに現在では四千人を超えるまでに達しており、調査によれば、受講した人々の九〇パーセント以上が、終了後四年たっても何らかの瞑想トレーニングを続けているとのことである。最近ではこのプログラムが他の医療施設でも同じように利用され、その効果が検証され、確認されるようにもなってきている[19][77]。

日本ではまだ正式に公的医療機関でこのプログラムを取り入れたという話は聞いていないが、民間のNPO団体で行われているものがあるので記しておこう（「ZENセルフカウンセリング協会」）。

今後このような活動が、より広く行われてゆくことを望んではいるが、現状ではまだまだ慎重な実践の積み重ね、そして何より、アメリカのようなシステマティックな学術的研究が数多くなされる必要があるだろう。

瞑想を使用した治療の研究は、日本でも近年になって若手の研究者たちの努力によって、ようやく学会での報告が見られるようになった[56]。大きな期待を抱ける状況がいま始まったばかりである。

5. 心理療法における瞑想の応用

心理療法としての瞑想の応用は、ストレス・リダクションや不安・緊張・痛みの軽減など、具体的な目的をもった新しい治療法としてだけでなく、従来から行われてきたいわゆる一般的「心理療法」や「カウンセリング」の現場でも、さまざまにその応用が模索されはじめている。

それらのなかで、まず現状においてもっとも妥当と考えられるのは、瞑想を心理療法の一つの独立した新しい治療法としてではなく、その補助として位置づけ、使用しようという考え方である。

心理療法は、現代において人々が日常生活や仕事に支障をきたす諸症状からの解放を求めるにはもっとも有用なものだろう。西洋に生まれた心理療法とは、個人の欲求のより良い充足をめざして行われるものであり、その人が自らの欲求に見合ったより効果的な新しいやり方を切り開く、その手助けを与えようとするものである。

そう考えるならば、瞑想がこのような目的をもった現代の心理療法の補助として有効に利用できる可能性は、現代の心理学的立場から見て、すでに十分に示されていると考えられる(16)。

また、瞑想の応用は、主に精神分析的アプローチと組み合わせながら行われてきた実績がすでに豊富に存在しており、それらの経験からは、瞑想を単に補助として位置づけるだけにとどまらず、心理療法の導入のために有用なもの、あるいはその基礎になるものとして位置づけようとする考え方もある(25)(58)(59)。

次章で具体例を挙げながら述べるが、ZENないし瞑想とは、自分の心に観察の目を配ることである。その過程は、自分の心理がどのように創り出されているのかについての洞察を得ることにつながるものであり、そこからは、自分自身の習慣的な行動パターンや反応に気づき、個人がそこから一歩外に踏み出すのを手助けしてくれる要素がある。

つまり瞑想は、心理療法を通して進められる、より深い自己理解への欲求に刺激を与え、心理療法における治療過程を強化するものにもなると考えられる。

瞑想による内省が、治療セッションのなかだけでなく、たとえば自宅など治療室を離れたところでも行われることによって、心理療法だけでは十分になされないような、より深く自己を探る過程が増やされ、治療の質が高められることにつながることもある。

そして、瞑想と心理療法の両者を並行して行うことを通して、苦しみの軽減がはかられ、心理的成長が促される。こうした見方に立った理解によれば、瞑想と心理療法は技術的に両立しうるもので、互いにその作用を強めるものと考えられる[16]。

瞑想は、これからの時代の心理療法やカウンセリングにとって非常に重要なアプローチになるという立場は、今後もますます発展させられながら、さまざまな可能性を開き出してくれるにちがいない。

6. ZEN心理療法の広がり

瞑想の応用は現在、医療や心理療法のみならず、社会の各所でさまざまに模索されはじめている。現代社会に噴出する多様な問題の根底に「心の問題」の重大さを認めるならば、「治療」「心理療法」「カウンセリング」「セラピー」といったアプローチ以前に必要となる社会システム、すなわち「教育」のあり方や方法についての見直しが求められることも当然のことである。

また、「治療」とともに、それを支え、援助することをめざす「福祉」のアプローチにも、ますますその意義の重大さを認識する時代がやってきていると考えられる。

実際、現代においては「教育」や「福祉」の領域にも新しい波が生まれはじめ、そこでは「瞑想」を積極的に取り入れ、従来のアプローチを補完して行こうとする試みもなされはじめている。

教育・福祉領域における瞑想

教育の分野では、現在「ホリスティック教育」と呼ばれる新しい潮流が教育者たちの力によって育てられ、注目を集めている。

この動きには、今世紀に入り、国際的レベルでの認知も進んできており、二〇〇〇年には国連総会でも事務総長報告で「教育へのホリスティックなアプローチが必要であること」が明言され、ユネスコでも「ホリスティック教育というコンセプトの真の意味を明らかにする」ことに貢献すべきだという答申も行われている[107]。

ホリスティック教育は、医療や看護などの分野における「ホリスティック・ヘルス」の動きとも繋がりながら、現代のさまざまな心理学的・心理療法的アプローチを教育の分野に取り入れる試みを行っており、なかでも「瞑想」は、ホリスティック教育の実践において中心的とも言える位置をもって重視されている。すでにカナダのトロント大学などでは正式な教育カリキュラムに組み入れられ、とくに教師教育にとってきわめて有用なものとして導入されているという[69]。

福祉の領域については、いまだ社会的な認知が十分に進んでいるとは言い難い状況だが、西洋では、社会福祉及びソーシャルワークにおける霊性《スピリチュアリティ》の重要性の認識や、トランスパーソナル・アプローチの模索が、ようやくはじまりつつある段階である[26][28]。

また、瞑想の応用については、すでに終末期医療《ターミナルケア》の実践の場で、盛んにその導入が行われてきた歴史もある。ホスピスという病院（施設）での「治療」という位置づけから拡大された「在宅ホスピス」という考え方が広がりを見せるなか、在宅看護、在宅介護、ホスピス・ボランティア活動などにおいても、瞑想の重要性が評価されてきており、社会福祉領域における意義はすでに確かなものとなってきていると言うこともできる。

アメリカには、サンフランシスコ禅センターから分岐したボランティア組織として、「ZENホスピス・プロジェクト」という名をもったホスピス・ボランティアのグループがあり、ZENの精神や瞑想の実践を活かした注目すべき取り組みが精力的になされている。

終末期医療の心理的援助

「終末期医療」には、従来の医学的態度のなかにあっては見られなかったような治療アプローチや、「科学的」西洋医学の枠組みからは排除されてきた東洋の諸医学、またいわゆる民間治療や伝承医療というものにも脚光が集められるようになっている。「心理療法」はいま、そうした治療のなかで代表的なものの一つとしても挙げられるものである。癌に対するカール・サイモントン博士の「イメージ療法（ヴィジュアライゼーション）」[91]や、バーニー・シーゲル博士の「例外的癌患者」に対する夢や絵画を使ったアプローチ[90]などは、ご存じの方もおられるだろう。

これらは、広い意味で一種の瞑想と考えることができる（実際、そうしたアプローチのなかでは、この種の試みが「瞑想」という言葉で呼ばれている）。近年では、そうした成果が医学の科学的研究アプローチからも注目されはじめ、こうした「心理療法」によって免疫が高められる作用などを研究する「精神神経免疫学」や「精神腫瘍学（サイコオンコロジー）」といった新しい学問の発展にもつながるようになっているのである。

ホスピス（在宅ホスピスを含む）などには、一般の人々がボランティアとして関わり、種々の心理的援助活動に携わることがまれならず見られるが、瞑想は、実際にこうしたボランティアの援助活動のなかで有意義なものとして利用されている。

アメリカでは、終末期にある人々に対して瞑想指導を行うことを中心に据えて援助に携わる組織はすでに四半世紀近い歴史をもって存在しており、瞑想の終末期医療への応用がさまざまに試みられるようになってきている。

アメリカでボランティア活動やワークショップなどを通して死に直面した人々の援助活動に長年の間携わってきたスティーブン・レヴァインは、その活動に積極的に瞑想を取り入れてきた人物の一人であり、彼の著書『癒された死』(61)には、終末期医療のなかで瞑想が非常に有用なものとして行われている様子が詳しく描かれ、豊富な経験のなかで活かされてきたたくさんの瞑想法が具体的に紹介されている。また、それらを通して死を受容していった人々のなまの声も数多く収録されている。

7. 治療者・対人援助者のためのZEN

現代における心理療法の実践には、その学問的・技術的発展や多様性ゆえに、ともすれば欠けてしまう、あるいは忘れられがちなものがあると私は思う。それは理論や技法や学派などの問題ではなく、心理療法という援助の営みに携わる人間の姿勢に関わるものである。

心理療法におけるＺＥＮや瞑想は、治療手段としてよりも、むしろこちらの方により大きな意義があるとも考えられる。

昨今は、とくに医療の場で、医療者の「倫理」が問われるような事件が目立ち、各所で盛んに議論がなされるようになってきたが、医療も含め、教育、看護、福祉など、いわゆる「対人援助職」と呼ばれるような仕事につく人間には、その職務に臨む特別の心構えが、他の職種にも増して必要とされるにちがいない。

「原点」あるいは「初心」という言葉で言い表される「心」のことである。本来、人のために働く仕事、あるいは奉仕という行為は、すべて「宗教」という領域の中にあったものと言ってよい。近現代という時代進展の中で、「宗教」という言葉は徐々に社会の片隅に追いやられて行く結果となったが、そこで見失われたものが、改めて自覚されねばならないという必要性に現代人は迫られている。

見失われたものとは、「倫理」という言葉が正確に言い表す言葉なのかもしれないが、私にとっては「思いやり」や「慈しみ」といった言葉の方が、腑に落ちてしっくりくる。ＺＥＮや瞑想とは、そもそも仏教という宗教的伝統の中で大切に引き継がれてきたものであり、本来、「思いやり」や「慈しみ」を養うために行われてきたのである。

現代ではその「技術」や「効果」という科学的な視点が強調される傾向があるが、その本来の姿を見据えるならば、対人援助職につく者にとって、瞑想実践の重要性は計り知れないほど深く存在しているように思われるのである。

このことについては、後に改めて一章を割いて、第三章で詳しく触れることにする。

8. ZEN心理療法の現代的意義

「ZEN心理療法」として欧米での坐禅の治療的応用などに目を広げてきたが、坐禅や瞑想は、本来言うまでもなく「宗教」という領域の中で引き継がれてきた伝統的「修行」の一つであり、これまでは、現代医療や心理療法とはまったく接点をもってこないものだった。

しかしながら、これまでの紹介で、その応用へとつながる現代的な考え方や、背景となる流れなどについて、おおよそ掴んでいただけたのではないかと思っている。エーリッヒ・フロムの「世紀の病い」についての意見を振り返っていただければ、現代のZENにはその病いの「治療」が期待されていることが分かるにちがいない。

そのような状況は、この現代社会ゆえに湧き上ってきた特有の衝動が、多くの人々の心の中に呼び起こされて出来上がってきたものと考えられる。この衝動とは、一言でいうなら、「スピリチュアリティ（霊性）」と呼ばれる抑圧されてきたある種の欲求である（詳しくは第四章）。

その衝動が素直に自覚されたその時、それは自らの意思に従ってなされる「自己成長のための心理療法」あるいは「自分のために必要な心理療法」として、多くの人々に実践されるものとなるだろう。

ＺＥＮ心理療法の現代的意義は、医療現場などでの「治療」的応用も然ることながら、ここにこそ最も大きな価値が見出されるように思える。

また、目の前に付き突きつけられている環境破壊の深刻さや、それを作り出している現代の人類の地球上における存在のあり方、などにまで視野を広げれば、人類が「自分を知る」こと、すなわち私たち一人ひとりが、自分（たち）の生き方に深い反省の姿勢をもって、何らかの「治療」的実践を行うことが求められているということも明らかなように思われる。

この点で、「ＺＥＮ心理療法」はおそらく、この時代ゆえに再認識され、この時代ゆえに要請されている現代特有の心理療法であるにちがいない。

現代社会と「宗教的修行」の問題や、「自己成長のためのＺＥＮ」という主題については、一人ひとりの具体的実践のあり方なども含めて、改めて一章を割いて詳しく述べてみることにしたい（第四章）。

第二章

ZEN心理療法の実践

1．心理療法に取り入れるＺＥＮ

本章では、「ZEN心理療法」の実践を具体的な事例の紹介も組み入れながら述べ、その治療的作用やメカニズムなどにも考えを広げて行きたいと考えている。

前章で紹介したように、坐禅や瞑想を治療や心理的援助活動に応用しようとする方法はさまざまにあり得る。日本ではまだほとんどないとはいえ、これまで実践されてきた欧米での事例報告は、現在ではかなりの数に達している。

次の文章は、アメリカ精神医学協会が一九七七年に発表した声明である。

「瞑想がこれまでの精神医学的治療の充分な代用になるという証拠はまだないが、瞑想は精神の平穏をもたらし不安やストレスを軽減するだけでなく、心理治療プロセスを促進し、精神に働きかける治療薬の必要性を減らし、回復プロセスを助長するようである。・・・　長い歴史をもって東西の諸文化に存在してきたさまざまな瞑想テクニックの治療的可能性を探り、精神科医や行動科学者たちがそれらを注意深く検討する時代がやってきたのである」。

この公式宣言が出されてから、すでに三〇年ほどが経っている。その間には、さまざまな形で臨床応用研究も数多くなされてきており[6]、欧米では、ZENないしmeditationという言葉は、もう決して臨床場面において特殊なものではないという雰囲気も出来上がっていると考えてよい状況が見られるのである。

瞑想を応用することを専門にする治療者や、そうした特別の治療がなされているということではなく、一人の治療者が、あるクライエントとの共同作業の延長上で、必要に応じて、そして慎重に適応を考えながら、瞑想を利用しようという考えも、決して特異なものではない時代がやってきている。

日本での試行錯誤

以上は欧米での話であるが、こうした時代変化を受けて、本書では思い切って、筆者が経験した事例を取り上げてみることにする。欧米の紹介ではなく、筆者が日本の医療の中で精神科医として出会い、さまざまに試行錯誤を繰り返してきた例である。

瞑想の応用は、現在の日本の病院やクリニックなどでは稀なことであろう。しかし、新しい治療の工夫という点では、他の精神科医や心理臨床家の場合と比べて特殊というわけではないと考えている。

それぞれの治療家がそれぞれの経験の中で、世界の新しい研究などを参照しながら、おそらく独自のさまざまな工夫をこらし、臨床現場での活動を行っていることであろう。そこでZENや瞑想の応用という試みがあったとしても、現在では、さほど奇異なことではないと思うからである。

筆者の臨床経験は、決して日本の中で特別の環境にあったものではない。これまでの経験は、二十数年間、ほとんどが大学病院における精神科医療を中心に行ってきた。現在は週に一回ずつの病院とクリニックでの外来診療が中心になっているが、言うまでもなく、薬物療法を主体においた通常の精神科医療の範囲を特別越えるものではない。

ただ、筆者の場合は、他の治療者に比べて特別な要素が一つあるかもしれない。それは、ZENや瞑想に関して、これまで二冊の書物を公刊してきたからである。一冊は、一九九三年に刊行した『瞑想の精神医学』（春秋社）(6)という書物であり、近年の欧米における「瞑想研究」の進展や成果についてまとめ論じたもの。もう一冊は、二〇〇三年の秋に刊行した『心理療法としての仏教』（法蔵館）(16)である。この本では、特に瞑想の心理療法的意義について詳しく検討を加えた。そのため、私の場合は、この二つの本が機縁となって、特別の出会いの機会を得られた方々もおられるからである。

この二冊の書物を読んで頂けた上で治療が進められた事例ばかりではないが、治療過程で何度もお会いする中で、十分な信頼関係が築かれた上で、たまたま瞑想の応用が考慮された方と治療が進んだケースがある。その意味では、本書にこれから述べる例は、筆者の経験のなかでも、適応が判断された数少ない特殊なケースと考えていただきたい。

治療に瞑想を応用する際の注意点

具体的な治療経験を述べるに当たっては、まずその前に、実際の治療に瞑想を導入する際の注意点について、いくつか記しておきたい。

現在の日本での臨床においては、一般社会にも専門家の間にもすでにかなりの知識が普及している米国などとは大きく異なり、治療に瞑想を取り入れるという場合には、注意しておかねばならない問題が数々あるように思われるからである。

第一に、診察室などの医療現場でその応用を考える場合、(現状では)瞑想という言葉それ自体が、ともすると大変な誤解を生んでしまう可能性さえあるということ。

医学の臨床現場では「宗教」の要素が少しでもあるものはタブーである。言うまでもなく、この点には細心の注意が必要であり、瞑想という言葉には、残念ながら、受け止める人によってかなり印象の違いが出てくることは銘記しておく必要がある。

幸いなことに、「坐禅」という言葉は、日本では多くの人に大きな抵抗なく受け止められるようであり、使用しやすい。ただし、「坐禅」という言葉には即座に「厳しい修行」というイメージが呼び起こされる点はマイナスイメージでもあり、本書のタイトルを「坐禅心理療法」ではなく「ZEN心理療法」とした理由には、このことも含まれている。

第二には、たとえ「坐禅」という言葉がさほど抵抗なく使えたとしても、それを治療の一環として奨めるという際には、それなりの詳しい説明も必要になるという点である。

インフォームド・コンセントの時代、治療はしっかりとした十分な説明と同意に基づいて行われねばならない。日本の現状の中での瞑想の応用という試みは、いまだ全くの実験的なものと言わねばならず、その実践に関して必要となる情報や考え方を伝えるには、十分な信頼関係の上に立った上で、さらに、とりわけ十分な時間をかけてなされることが必要であろう。この点で、ZENという外来の用語は、欧米ですでになされてきた実績に基づくことを伝えられることは、積極的に使って行きたい理由でもある。

第三には、治療室自体の環境の問題もある。実際に瞑想を行うとなれば、ある程度は広く、そして静寂を保てる空間が必要となるが、とくに日本の病院などの治療的空間は、そのような環境にはほど遠いものが多い。また、待合室に患者さんが溢れ返っているような状況では、必然的にどうしても忙《せわ》しない雰囲気が強くなり、治療的に大きな「ハンディ」を背負っているのである。

これから述べる事例は、私の日本での経験だから、この「ハンディ」を背負いながら行われたものが多いわけだが、インフォームド・コンセントについては一応十分なされた上で行われたものであることを、あらかじめ述べておく。事例の紹介に当たっては、ご本人の同意も得てあり、さらにプライバシーが特定されぬよう、具体的な情報には変更を加えるなど、配慮して記述したことも申し述べておきたい。

2. ストレス・リダクション・プログラム

ＺＥＮないし瞑想の治療的応用を考える場合、そこでまず最初に挙げられるのが、ストレス・リダクションを目的としたものであろう。

すでに第一章でアメリカの例を簡単に紹介したが、現在では、このような名称の元で、坐禅や瞑想を治療に組み入れる組織的なプログラムをもった医療施設が効果を挙げている様子が見られる。

わが国でも、最近では「ストレス・クリニック」などといった医療機関がかなり増えてきた。しかし、そこで坐禅や瞑想を積極的に利用するという考えは、まだ一般的なものではない。民間ではヨーガ、気功などと同様に行われている様子も見られるとはいえ、いわゆる「民間療法」としての位置づけを出るものになってはいないようである。

日本では「自律訓練法」が比較的よく知られており、医療の場でも正式に使用されてきた歴史が長いため、そのことが関係しているのかもしれない。アメリカで「自律訓練法 Autogenic Training」を知る人はあまりいないことを考えると、両者が入れ替わった形で存在している可能性も考えられるのだが、「瞑想」と「自律訓練法」は、かなり異なったものであり、今後はその違いなども含めて議論がなされてほしいと考えている。

筆者の経験から

筆者の場合、個人的に十分なインフォームド・コンセントを行えた人だけを対象にして、まったくの試験的な形ではあるが、大学病院の精神科外来で数ヶ月間の治療プログラムを組んで実施してみた経験がある。

アメリカでの研究や実施状況などに見習って、自律神経系の失調症状を中心としたストレス性の疾患や不安障害をもつ人たちに瞑想を試みてもらった。

この経験は、私の場合、医療機関で将来一定の治療プログラムとして成り立つ可能性を探る研究目的で行ったものである。そのため、複数の質問紙表なども使用して、あくまで個人的な心理療法としてではなく、集団でも行えるものとして客観的にデータを収集することを重視したものだった（個人心理療法の実践例は次の節で述べる）。

結果は、学術的研究報告としては精緻さを欠くこともあって、いまだ発表しないままでいるのだが、ここではその概要を試験的経験談として述べてみることにしたい。個別の事例や治療セッションの経過については、このプログラムの経験やストレスに関する瞑想の意義について述べた後で、別に述べることにする。

実施に当たっては、翻訳した瞑想のインストラクションを吹き込んだカセット・テープを用意して、自宅でも訓練していただけるような工夫も行った。また、「ボディースキャン」と言われるヨーガや自律訓練法類似の方法を行ってもらった人もある。

もちろん、マサーチューセッツ大学のような組織的なプログラムを組んで、充実したスタッフがいて行ったものではなく、その結果も印象として述べられるだけなのだが、少なくとも瞑想を気にいってトレーニングを続けていった人のなかに、それまでには見られなかったような症状の軽快がもたらされた例があったことは事実である。ただ、筆者の試みのなかでは、なかなか瞑想を続けてゆくこと自体が難しい人たちの方が多かった。いわゆる「副作用」的なものが出現して中断した人は、これまでにはいなかったが、忍耐強く続けていくのは大変な人が大半だったのである。

これは、アメリカの報告などを見るたびに思うのだが、経験豊富な指導者たちによってグループで熱意をもって丁寧に行われているしっかりとしたプログラムに比べると、大学病院などの忙《せわ》しない一般外来診療の場で行えるような方法ではなかなか十分なものにはならないと考えられた。また、そこでのこなれていない瞑想指導の要領の悪さが主な原因になっていたように思われ、良い反省の機会となった。

しかし、経験から言って、瞑想がその人にとって有益だったと言える例は決して少なくはない。少なくとも、瞑想のもつリラクセーション効果が種々のストレス性疾患に有益なことは確かである（ただし、これは他のリラクセーション法と大きく異なるものではないが）。

また、瞑想の場合には、それだけでなく、その独自の特徴や利点として、瞑想実践に伴う規則正しい呼吸法それ自体のもつ有益な作用を挙げることができると考えている。

ストレスや不安からはすぐに身体の緊張が呼び起こされるが、それが慢性的に持続すると、種々の自律神経系の失調が招かれる。緊張の強い人に見られる特徴の一つは、呼吸が浅いことである。自律神経系とは自分の意志でコントロールできない「自律的な」神経系統を指すものだが、そのなかで唯一意識的にもコントロールできるものが呼吸である。

緊張して浅くなっている呼吸を、自分の意志でゆっくりと深く調節すること（調息）は、自律神経系を整えることにつながる。そして、身体的側面から緊張をやわらげるものになり、諸症状の軽減につながるのである。

こうした規則正しい呼吸（腹式呼吸）は、慣れてくれば、仕事をしながらや会議の最中などでも人に気づかれることなく行えるだろう。日常の対人場面などでも用いられることで以前とは違う落ち着いた対応ができるようになったという例もあった。また、そうした対処の仕方ができるようになって、以前から長い間使用してきた治療薬の量を減らして生活できるようになった人たちもいる。

現在の医療態勢からして、病院などの医学的治療において実際に瞑想など（薬物療法以外のもの）の応用がどこまで組み入れられるかという問題はあるが、アメリカの先例に、今後の可能性として学ぶべきものは多い。

ストレスの心理

ストレス・リダクションを目的とした新しい医療施設では、瞑想がどのような考え方で応用されているのだろうか。ここでは現在の医学からアプローチされている一般的な考え方について見ておくことにしよう。

ストレスと一口に言ってもいろいろだが、現代社会では、いわゆる「人間関係のストレス」や「仕事のストレス」といったものが、真っ先に挙がる大きなものだろう。非常にあいまいな言葉ではあるが、病院の外来にも、このようなストレスが原因と言うべきさまざまな症状で来院される方は少なくない。

動悸、胃の痛み、消化不良、めまい、吐き気、頭痛などをはじめ、いわゆる自律神経失調症といわれる諸症状は、それらのストレスと深い関係をもって出現してくることはよく知られているにちがいない。

そうしたストレスというものは、一見すれば個人の外部の状況から来るように見えるかもしれないが、まったく同じ状況にあっても、人によって大きなものだったり、全然感じられないこともあるといった、いわばその人の内部の心理的な問題でもある。たとえば、職場で嫌な同僚が隣の席にくることになれば、その人にとっては毎日が大きなストレスの連続になる。しかし、その同僚とは前から趣味も一致して馬の合う人であれば毎日会社に行くのが楽しくなるだろう。パーティや会食などが大きな不安・緊張・苦痛の場になる人がいるが、そのような場に出ることが好きでたまらないという人もいる。

私たちは大抵、自分にとって好ましくない状況に直面すると、無意識のうちに敵対的な反応を示し、恐怖、怒り、不安、苦痛など即座に沸き起こるさまざまな感情に左右されがちである。嫌なタイプの人に会うと、話もしていないのに否定的な状況を自分で勝手に作り上げてしまったりする。そして、いったんそうした感情に支配されてしまうと、もはや自分に対しても他人に対しても冷静な正しい判断がもてなくなり、円滑なコミュニケーションも困難になって、どうにもならない悪循環を作り出してしまうことにもなる。

ストレス反応とストレス応答

ストレスによって人に引き起こされる反応は「ストレス反応 reaction」と呼ばれる。

それは大抵の場合、自動的に無自覚に起こる反応である。

しかし、その人がもしその場で、そこに何が起こっているのかを「観る」視点を持ち込めるなら、状況が変わってくるにちがいない。噛み砕いた言い方をすれば、この「観る」目を養うことこそが、瞑想の目的ということになる。

それまでの自動的に反応していた状況に、新たな「観る」次元が加えられ、もはやただ自動的にではなく、ストレスに自覚的に関わること――あるいは現在に意識的になること――ができるようになると考えられるからである。

以前には自覚できなかったが、その状況を曇らせ、ストレスを大きなものにしていたのは、自動的に反応して沸き起こっていた恐怖や怒りなどの感情に左右されていたからである。嫌な上司に会った時などには自動的にそうした状況がすぐできあがってしまう。しかし、そこにある恐怖や怒りなど自分の感情を意識し、それらを素直に感じとり、受け入れるならば、それらと関連して沸き起こっていた思考や感情にまどわされることなく、ありのままに起こっているものごとを見ることができるようになるだろう。瞑想は、この「自覚」のプロセスを促すものであり、落ち着きを失わないようにしながら、自分の見方や態度を変えるのを培う訓練にもなる。

こうしたストレスへの自覚的な関わりは、通常の「ストレス反応」とは区別して考えられるべきものとされ、「ストレス応答 responce」という言葉で呼ばれている。「無自覚的な反応」から「自覚的な関わり」へのこうしたシフトが起これば、ストレス反応の力を減弱させることが可能になる。ふだんからトレーニングを行うなら、ストレスに直面した時の無自覚な自動的「反応」を、自覚的な「応答」にシフトさせる力が鍛えられるだろう。そして、そのことによって、「ストレス反応」が減弱させられ、瞬間瞬間の無自覚な行動に代わる別の方法が用意されるのである。

ただし、自覚的な「応答」ができるようになったからといって、恐怖や不安や苦しみをまったく感じないようになれるということではない。そうではなく、それらの感情がその瞬間に存在していることに、より明瞭に気づくことができるようになるということだ。その気づきは、それらの感情が生起してくるのを見つめることによって、強度を弱め、そこからすばやく回復するのを手助けしてくれるのである。

3. 不安障害・パニック障害への応用

現代生活は、都市空間のなかで気ままで自由に暮らせるその反面で、孤独や警戒心が大きく募ってくる。現代人の暮らしは確かに昔にはなかったような種々の不安に取り囲まれているにちがいない。

不安は、それが慢性的に続くようになると、精神的・身体的緊張の持続によって、自律神経系のアンバランスを引き起こす。不眠をはじめ、動悸、めまい、頭痛、吐き気など各種の症状が現れ、そうなるとそこからさらに大きな不安が沸き起こり、悪循環を作り出してしまうことにもなる。

こうした不安や恐怖の反応というものも、無自覚に自動的に行われていることを考えると、先に「ストレス応答」のところで述べたような考え方で、瞑想を効果的に働かせる可能性を考えることができるかもしれない。

また、ふだんから瞑想の訓練を続けることで、悪循環に進んでしまわないよう、予防的に役立てられる可能性なども考えられるだろう。

現在のところ、不安あるいはパニック障害や種々の恐怖症などに対する医学的アプローチとしては、薬物療法とともに、「認知行動療法」と呼ばれる治療法が一般的になっている。しかしそれだけでなく、現代の新しい試みとして、ここで述べたような考え方を発展させて、瞑想を治療に応用することは実際に行われるようになってきている。

不安障害やパニック障害に対して、試験的に瞑想を適用してみた症例報告的な研究はこれまでにも少なからずあり、それらのほとんどから良好な結果が示されている[21][35][47][87]。また、近年では、第一章で紹介したマサチューセッツ大学のストレス・クリニックからも、研究方法に入念に気を配られた精度の高い研究報告が発表されている[52]。そのなかの不安障害に絞った研究結果によれば、二二例中二〇例に不安スコアや抑うつスコアの有意義な低下が認められ、それらの結果は、プログラム終了後のフォローアップ期間中も維持されていることが確認されている。

また、パニック症状をもつ症例においてもスコアの実質的な低下が確認されていて、集団的な瞑想トレーニング・プログラムは、不安やパニックの諸症状を効果的に和らげ、症状軽減を維持させるための援助が可能であると結論されている。

Sさんの不安障害

病院やクリニックの診療の際には、さまざまに不安を抱えて来院する方々とお会いする。不安や恐怖というものは、いったん心に浮かび上がると、今度はあらかじめ予期するだけで即座に巻き起こってしまう。そして、いったん何らかの大きな不安が出てきてしまうと、それをぬぐい去ることがなかなかできなくなってしまうことも多い。「またなったらどうしよう」という気持ちがいつも頭から離れず、常に不安な気持ちが取れないままになってしまうことが多いのである。

Sさんの場合も、こうした悪循環から抜け出せなくなっている典型的なケースだった。彼女がはじめて大きな不安に襲われたのは、三二歳の時。大手の旅行代理店に勤めて六年ほど、結婚して四年目の秋のことだった。

普段と何も変わりなく仕事を続けていたある日。夕方頃から何となく胸の辺りに圧迫されるような感じがあった。それが次第に強くなってきているような気が少しずつ募っていたという。その日は少しだけ仕事を早めに終わり、帰路に向かったのだが、その途中の電車の中でのことだった。

胸の圧迫感が大きくなってきて、呼吸も荒くなってきた。動悸も強くなり、冷汗が出る。「このままではまずい」と思いつつ、電車に乗り続けていたが、とうとう胸が張り裂けそうになって、「ひょっとして急に心臓が弱って死ぬのではないか」という強い恐怖に襲われてしまった。

なんとか途中下車することができて、駅員の助けを借りて救急車を呼び、病院まで連れて行ってもらった。病院では、幸いなことに検査では特別の異常はないとのことで、注射の処置をしてもらい、症状も次第に治まったため、無事帰宅できたのだった。

ところが、Sさんにとっては、その後がむしろ問題だった。

しばらくは何の異常もなく順調に過ごしていた。が、ふと胸の辺りに軽い違和感を感じただけで、「まずいな、またあれが起きたらどうしよう」という気持ちが即座に沸き上がってくるのである。

それを意識しはじめると、もう不安が頭から離れない。そして実際、また胸のあの圧迫感が大きくなってくるのである。電車に乗ると、またあの時のように簡単に途中下車できなくて大変なことになると考えると、電車での出勤はできなくなってしまった。

そして仕事中はもちろん、休日でも、家の外にいると絶えず緊張した感じが続いて落ち着かない。それまで好きだったデパートでの買い物などもできなくなってしまう。とにかく絶えず不安が付きまとい、何をしても楽しいと感じられなくなってしまった。

Sさんは、悩んだ末、いろいろ情報を集め、自分の症状が「パニック障害」という病名によく似ていることを知った。そして、専門的に診てくれると書いてあった「神経科」のクリニックを受診した。

診療所の先生は話をよく聞いてくれた。同じような事態で悩んでおられる方がそこには沢山来ているとの話を聞いて、とても安心した。治療薬をもらって飲んだところ、普段絶えず感じていた不安は、随分と軽くなり、外出時の不安も大分楽になった気がした。

しかし不安は，無くなったというわけではなかった。薬の効果は確かにありがたいものだったが，なかなか症状を完全に忘れて過ごせるようにはなれなかった。クリニックにはその後も定期的に通い，相談を続けていった。先生は確かに話をよく聞いてくれた。しかし，何度か行くと，薬を変えてくれたり，追加してくれたりはしても，同じことの繰り返しになって行った。気がつくと，治療薬は四種類になっていた。

一度友人と話をしていた時のこと。薬に依存する副作用というのもあるという話を聞いて，それ以来気になり出し，一度薬をやめてみたことがあった。しかし，やめるとやはり不安は大きくなってくる。そして今度は，最初と同じような大きなパニックの恐怖に再び襲われてしまったのである。

薬の重要性はよくわかった。「もうやめようとはせずにやっていこう」。そう思うのだが，やはり少し時間が経って余裕が出てくると，「なんとかやめられる方法はないだろうか，全部やめるのは無理でも，一つでも薬を減らしたい」という気持ちになる。先生に告げてはみたのだが，一度再発していることもあって，先生の意見は消極的だった。「お守り」だと思って，飲んでいて下さいと勧められた。

薬の減量を目指して

「そんなに言うなら、一度他の先生に意見を聞いてみるのも悪いことではないと思うよ」。

Sさんは、そんな夫の勧めもあって、筆者が当時勤務していた大学病院を訪れた。その日の初診担当がたまたま筆者であり、お話をうかがうことになったのである。最初の大きな不安から約一年半が経過していた。

一通りの経緯と症状をうかがって、私は、いま通っておられる先生のご治療が、現在の医学的標準から見て妥当性のあること、むしろ経過から判断すると、すぐれた治療が行われてきたと考えられること、それゆえ、通院先を変えるのはお勧めしないことなどをお話しした。

ただ、治療薬に関しては、経過から必要性はあったにはちがいないとしても、四種類は少し多いかもしれず、減量できる可能性を探ってもよいのではないだろうか、という意見はお伝えした。抗うつ薬二種類、抗不安薬二種類の処方がなされていた。

Sさんは質問をされた。

「私の場合、お薬の量を減らすには、症状を少しでも軽くできる方法が何か他になければ難しいと思います。カウンセリングなどでそれはできるのでしょうか。いまの先生は、薬物療法が中心とのことで、それ以上は話さずにきたのです」。

私は、現在病院などでは一般に薬物療法が中心なことは確かだが、Sさんのような症状の場合は、「認知行動療法」などの心理療法も一般的になってきていることを、治療法の説明なども交えてお伝えした。そして、その他にも「自律訓練法」などは医療機関で行われているところもあること、さらに、まだ一般的な方法ではないことはお断りした上で、欧米では坐禅や瞑想を利用する方法も試みられていることを付け加えてお話した。

認知行動療法の考え方

認知行動療法については、詳しく述べる紙幅はないのだが、大まかに基礎的な理解にだけ触れておきたい。

認知療法の考え方によれば、人間の行動（反応）には、出来事と反応の間に「自動思考（automatic thoughts）」と呼ばれるプロセスが介在していると考えられ、この自動的反応パターンが「認知の歪み」や「誤りのセット（「スキーマ」と呼ばれる）」を作り上げており、それが症状につながっていると考えられている。

Sさんのような症状の場合は、その根底に「この動悸によって死ぬのではないか」

と即座に思ってしまうような誤った「認知の歪み」が存在しており、それが病気を作りだしていると考えられるのである。

したがって治療は、この習慣的に身について自動的に浮かび上がってきている考え（自動思考）を知り、症状を作り上げている誤った認識の態勢を意識的に正すことでなされると考えられている[79]。

また、沸き上がってくる強い不安に徐々に慣れてゆくことによって、症状に対する一種の「免疫」を作ってゆくというのが「行動療法」の一つになる。「暴露法」という方法が一般的だが、たとえば強い深呼吸を速く繰り返してもらうと動悸が誘発される。するとSさんのような人の場合には、すぐに不安が沸き起こるだろう。そのような状況に、診療室などの安全な空間で自分を「暴露」して、徐々に不安に慣れてゆくという方法である。これだけではないが、こうした方法を組み合わせながら行うのが、認知行動療法である。

認知行動療法では、そうした方法を行いながら、出来るだけ自分自身で原因を意識することを目的として、症状に関する日記をつけたり、自分の行動や性格をチェックして書きとめていったりする方法も薦められる。

自分の症状につながる行動や思考パターンや性格傾向などをよく知って、できるだけそれを意識的にも明確にし、合理的にそれらを「正す」ことを重視するのである。従って、認知行動療法は、基本的には自分自身でも十分に行うことができる。そのため、セルフヘルプのためのガイドブック的な本もたくさん書かれており、書店に行けば、その人に合った良い本を手に入れることができるはずである。

瞑想の併用

Sさんは「勉強家」だった。私との外来の面接時の話し合いだけでなく、認知行動療法に関する数冊の本を読みこなし、自分自身の治療に役立てて行かれた。外来でお会いすると、読んだ本の感想もよく話して下さった。

そして、その後二ヶ月ほどで、話し合って決めた薬を一種類減量して問題なく過ごせるようになっていた。しかし、その後約一年は、ほぼ同様の状態が続いた。治療薬をもう一種類減らそうとすると、どうしてもまた大きな不安が沸き上がってきて、うまく行かないのである。

「認知行動療法はとても勉強になりました。でも、どうしても頭の中だけになってしまうのです。分かってはいても、身体はうまく従ってくれません。治療法に相性があるのだとすれば、私には合わないような気がしてきました」。

私は、薬はまだ三種類でも、飲んでいれば、さほど問題なく過ごせるようになっているのだから、減量にあまり拘らないように、とアドヴァイスを続けていた。ところが、「勉強家」のSさんである。その後、瞑想の治療に関する本『生命力がよみがえる瞑想健康法』(実務教育出版)(51)を読んで、身体で体験してみる方法として、瞑想の治療を試してみたいと申し出てこられたのである。

この本は、先に紹介したマサーチューセッツ大学のストレス・クリニックの責任者ジョン・カヴァットジンの著作である。日本では一九九三年に翻訳出版されている。私は当時、すでに原書でその本を一通り見ていたが、翻訳が出ていたことは知らなかった。私の中ではあくまでも研究分野のことと考えていたため、Sさんから聞いて驚いたことをよく覚えている。

実は、先に述べた私のストレス・リダクション・プログラムの試みは、このSさんの申し出が一つの大きなきっかけだった。Sさんは、本に書いてあるような治療は、どこかで実施されているのかどうか。日本ではまだないようであれば、信頼のおける先生に理解してもらった上で、やってみたいと語ってくれたのである。

研究方面で関心を持ってはいても、それまで実際、自分の外来で試してみようなどとは思ってもいなかった。しかし、Sさんのような方が他にもおられるかもしれず、お役に立てるのであれば、と考えるようになったのである。

Sさんとの間では、あくまでも試験的なものであることを十分に説明して同意を得た上で、提案させていただいた。瞑想のインストラクション部分のテープ録音も看護師の協力を得て作成し、必要な図版なども用意して、可能な限りマサーチューセッツ大学の方法に近づけるよう工夫して、治療に瞑想を導入してみたのである。

この瞑想法は、基本的には「ヴィパッサナ瞑想」と呼ばれている方法で、英語圏の心理学領域では「マインドフルネス・メディテーション」という言葉でも最近では定着して使われている。具体的な方法については、補遺章に記したので、参照していただければ幸いである。

Sさんは、その後、熱心に瞑想の訓練を続けた。はじめの数週間は、やはり毎日続けること自体が難しかったが、諦めることなく続けて行かれた。

三ヶ月ほど経った頃のことである。「このところ瞑想の時間が気持ちいいと感じられるようになってきました。不安感がなくなったというわけではないのです。でも、それは身体の感覚という感じ。それがあっても、それに左右されずにいれる安心感というか、慌てない感じがもてるようになりました」。

「瞑想の中でかえってパニックになってしまうようなことはないでしょうか？」と

聞いてみると、「はじめは怖くなることもありました。不安がくると慌てていたんです。でも、呼吸を整えてそれに注意を向けていると、それを静かに見つめられるという感じ。『まずいな。このまま強くなったらどうしよう』という心配が、慌てる気持ちを作っていたんだなぁって。不安はただそのままそこにあるだけでした。じっと観察していて、強くなってこないことを観ていられる自分を発見したら、何か自信が出てきたような感じです。すごく嬉しい」。

この「洞察（気づき）」があってから、Sさんの治療は急速に進んだ。絶対急いで薬を減らさないようにと、その後の面接では毎回、私の方から何度も確認して告げたほどだった。

その後、一年ほどは外来通院を続けていただいたが、Sさんは見事に薬の減量に成功した。最後の一種類だけをいつもハンドバックに入れて持ち歩いてはいるが、ほとんど使わずに過ごせるようになったのである。不安が起こると、Sさんは静かに呼吸を整えてひそかに瞑想の時間をもつようにしていた。

瞑想がSさんの「お守り」になったようだった。

瞑想の治療メカニズム

Sさんとの治療が終結に至ってから、もうかれこれ十年ほどになる。不安障害あるいはパニック障害の場合、Sさんはこれまでの私の経験の中でも、まさに「著効例」である。他にも効果が見られた例はあるが、困難だったケースもあり、すべてがSさんのような経過を期待できるわけではない。

従って、あくまでも理想的な「モデルケース」ではあるのだが、瞑想のすぐれた治療効果を、Sさんの事例から考えることはできるだろう。

Sさんの見事な「洞察（気づき）」に見られる注目すべき点は、Sさんが瞑想の体験の中で得た次のことである。「まずいな。このまま強くなったらどうしよう」という心配を、観察できる視点が生まれたということ。それが余裕につながり、「不安はただそのままそこにあるだけ」という洞察（気づき）が生まれたのである。

この過程は、認知療法の説明で述べたこととも同様と考えられる。しかし、Sさんは、それを瞑想の中で、身体で「体験した」のである。Sさんの経過が物語っているのは、ここに瞑想のすぐれた点を見ることができるということだろう。

認知療法で「自動思考」と呼ばれる思考過程を、Sさんは身体で体験的に「知った」のである。なるほど認知療法の考え方は非常にすぐれていて、確かにすぐれた効果を期待できる方法である。ただし、Sさんが言っていたように、それには「相性」があるのかもしれない。Sさんは、認知療法よりも、瞑想の方に「相性」が良かったようだ。

瞑想のこのような作用については、瞑想研究にも造詣の深い精神科医アーサー・ダイクマンが「観察する自己」という概念を用いて次のような説明をしている(34)。これは、治療的な応用の経験から出てきた考えではないが、Sさんの洞察にも非常にうまく当てはまるものである。

「瞑想は、観察する自己をしっかりと築き上げ、その視野を広げることによって、習慣的になっている知覚や反応のパターンの解放を直接もたらす」。

「対象へと向かう自己の動きが退き、それによる知覚の支配が止むにつれ、また、観察する自己が意識内容から引き出されてくるにつれ、人は、自動的に沸き起こってくる思考や感情や幻想の流れとの同一化を手放しはじめる」。

強い感情や繰り返し現れる思考にすっかり気を奪われ、それまではまったく自動的な反応パターンを無自覚に取っていたが、瞑想のなかで「観察する自己」の目が生まれ、そこからの見方や姿勢が徐々に増えていくことによって、いままでの反応パターンが向きを変えられる。そして、そのことによって、行動のコントロールや修正がもたらされるというわけである。ダイクマンはこのメカニズムを「脱自動化」(deautomatization)と呼んでいる。

こうした見解は、認知療法とは異なった角度からの考え方だが、瞑想の理解、そしてその治療的応用について考える際にも、非常にすぐれた見解であろう。

こうしてSさんの例などを考えてみると、パニック障害というものは、一種の「注意の障害」として捉えることもできるように思われる。

「まずいな、また起きたら」という不安(考え)と同時に胸のあたりの感覚への注意に即座にとらわれてしまうことが、ある意味で「癖」になってしまっているからである。その感覚に強く注意の目が引きつけられて、とりこになってしまっていることが問題と考えられるだろう。

瞑想とは、注意の向け方の訓練法であると言うこともできる。呼吸やその他、さまざまな対象物などが使われることもあるが、一つの対象に注意を集中させるのは、普段はまったく意識されていない注意の向け方を自覚することに目的があると考えられる。

それは決して一点だけに注意をひたすら集中するということではない。呼吸に注意を向けながらも、そこに浮き上がってくる身体感覚や五感が受け取っている感覚、思考、感情などすべてに、偏りなく、注意を配って「観る」ことなのである。対象物への注意集中訓練は、その偏りなく注意を配るための「中心」を身につけるために必要なことなのである。

「中心」を得ることによってこそ、周りへの注意の配り方が再構成され、一つの対象にとらわれてしまう偏った注意のあり方に、変化が生まれてくる。パニック障害に対する瞑想の効用はこの点にあるとも考えられる。

今後、このような理解の重要性と必要性が広く認識され、認知療法の理論なども照らし合わされながら、瞑想のさらなる治療応用の積み重ねへとつながってゆくことを期待したい。

4. うつ状態・ひきこもりの例

「うつ」という症状もまた、近年ではそれを理由に受診される方が非常に増えているものの一つである。「うつ病」に関する知識が、一昔前に比べるとかなり広く普及していることと、何より、精神科や神経科などへの敷居がずいぶん低くなっているからであろう。

「うつ病」に関しては、しっかりと診断できれば、薬物療法が最も重要であり、むしろ安易にカウンセリングや特別な心理療法を行ったりすることは避けるべきである。ただし、都市部のクリニックなどでは特にそう感じられるのだが、「増えている」患者さんは、「うつ」ではあっても「うつ病」ではない方が非常に多い。

たとえば「気分変調症」という病名があるのをご存知だろうか。これは、伝統的には「抑うつ神経症」という名前で知られてきた病態と類似のものである。「神経症」つまり「ノイローゼ」という言葉は、非常にあいまいに多くの病態を含めて使われることや、あまりに漠然としすぎた概念であるという理由から、とくにアメリカなどを中心として、最近では使われなくなっている。しかし、「うつ」という名のつかない「うつ」の病名もあるのだ。

外来でお会いする患者さんの中には、「うつ」が主な受診理由であっても、実際は、「(典型的)うつ病」よりも、この「気分変調症」が多く、特に近年では非常に増えているように思われる。

ではそれは「うつ病」とどこが違うのかというと、第一に、症状が軽い。「うつ病」の場合、抑うつ気分の程度は、非常に重いことが多く、喜びを感じることもほとんどなくなって、しばしば自殺を深刻に考えるところまで行ってしまう。そして生活面での障害の程度も重い。一方、「気分変調症」では、仕事ができないという事態はあっても、基本的な生活は一応普通にできる場合も多いのである。

第二には、症状が続く期間にも違いがある。「うつ病」では、長く続くことも見られるが、それは例外的なもので、平均して数ヶ月で自然に治ることの方が多い。しかし、「気分変調症」では、「二年以上続く」というのが診断基準でもあり、良くなったり悪くなったり「ずるずると」何年にも渡って続いたりするのである。

このように「うつ」には、まず正確な医学的診断が非常に重要である。「うつ病」については、社会に広く知識が普及しているのは良いことに違いない。しかし、「気分変調症」の場合は、単に良い治療薬を服用しても簡単に効果を望めない。

基本的には「ノイローゼ」の一種であるから、治療を考えると、心理的な側面により重点を置いた面接がなされなければならない。最近では、気分変調症に有効性のある薬物の報告も次々なされているため、薬物療法を考慮することは重要である。しかしそれは、「うつ病」の場合とは異なり、基本的に心理的な治療を後押しするものと位置づけられねばならない。

Tさんの「うつ」と「ひきこもり」

Tさんの「うつ」も三年以上続いているものだった。何をしても「気力がでない」。落ち込んで、部屋に閉じこもったままで、何もできないというのである。

Tさんにお会いしたのは、彼が三六歳の時だったが、すでに三年前から某大学病院の精神科で治療を受けていた。

駅の近くの商店街にある小規模の書店が家業で、Tさんは一人息子の跡継ぎなのだが、「仕事ができない」のである。食欲はさほど落ちているわけではない。眠れずつらい日はあるが、毎日ではない状態だった。

「両親ももう年だし、自分がやらねばならないことは、十分よく分かっています。仕事が嫌いなわけではない。やりたいとは思っているんです。でもどうしても、気力が出ない。部屋にこもって何もしないまま毎日が過ぎて行きます。たまにちょっと店に出ると、出るだけで周りが変な顔するし、近所の人もみな自分のことを知っている。だから外に出るのも嫌で、一日中部屋にいるしかないんです」。

ご両親がまだ健在なため、足りない部分はアルバイトの学生などを雇ってなんとかやっているとのことだった。Tさんは、大学卒業後、家業を継ぐ決意で、両親に仕事を学びながら、経験を積んでいた。二五歳で結婚したが、「性格が合わず」二年で離婚している。

仕事は、気分が良くない時に休むこともあったが、それなりにやってきた。やる気がすごくあった時期もあったのだという。しかし、「何となく」次第に休みがちになってきたのが、三年ほど前のことだった。

Tさんは、自分が「うつ」ではないかと思うようになった。テレビで「うつ病」の番組があって、両親からも受診を勧められた。大きな病院で一度診てもらってきたら、という話になったのである。

その後、約三年、ほぼ月に一度の通院を続けてきた。しかし、「時々気分が良い時もあったけれど、やはりまともに仕事ができた時はほとんどなかった」。そのため、そろそろ病院を変えてみた方がよいのでは、という判断で来院されたのが、私との出会いだった。

Tさんが言うには、「先生も始めの先生から四回も変わって、いつもただ薬をくれるだけでほとんど話はしないで終わってしまう」とのこと。それに、家が近いので、近所の人とよく会ってしまうのが一番の苦痛で、病院を変えたいとのことだった。

私は、転院は通常勧められないことをお話したが、Tさんの決意は固いようだったため、前医に一度よく話をして、紹介状を頂いてから今後のことを話し合いましょうと伝えた。

次の週、Tさんは紹介状をもって受診した。前医の診断は「うつ病」。この診断は初診時に遡って考えてみれば、決して誤診というわけではない。しかし、症状はそれ以来、三年も続いてしまった。そしてその間、治療薬は数々変わっていたが、特に奏功したと考えられるものはないようだった。つまり、Tさんには「気分変調症」と考えて治療に当たることが必要である。これを良い機会と考え、一度仕切りなおしを図ってみようと話し合い、治療をスタートしたのである。

緊張といじめ体験

はじめは、とにかく時間をかけて、Tさんの症状が出始めた頃のことや普段の生活について、よく話を聞いてみることにした。

「うつ」が出始めたのは、どうやら近所の目をとても気にするようになったことと関係しているようだった。「うつ」から近所の目を気にするようになったとも考えられるが、「人からへんな目で見られる」ことには、Tさんのこだわりが強いように感じられた。

離婚も関係して近所の目を気にし出したところもあったようだ。しかし、よく聞いてみると、「人目を感じると舞い上がって」「自分がなくなってしまう」ことに、むしろ大きな問題があるようだった。

近隣の人は、小さな頃から自分のことをよく知っている。同級生などもほとんどが近所に住んでいる。外に出ると、どうしてもそうした人たちから何か言われているようで気になってしまう。挨拶しなければ、と思うのだが、うまくできなかったりすると、それでまた変なことを言われているのでは、と考えて「落ち込む」というのである。

また、数回の面接を繰り返すうちに出てきたことだが、Tさんには、中学生の時にいじめられたショッキングな経験があった。同級生に囲まれ、性器を露出させられ、「自分でやってみろ」と脅され、笑われた経験があり、それ以来いつもびくびくして、何か困ったことがあると、「舞い上がって」「自分がなくなってしまう」というのである。

それでいつも、うまくいかないようなことがあると「自分はやっぱりダメな奴だ」と考えてしまう。それはやはり、あのいじめの体験があってからそうなってしまったのだ、とTさんは自分に言い聞かせてきたらしい。

Tさんの「うつ」は、どうやらこのような状況が絡み合っていることと関係があるようだった。「気力がでない」という症状は、「だからダメな奴」ともすぐつながってしまう。人前が苦手なのも、「ダメな奴」である。「ダメな奴」だから「気力がでない」、つまり「うつ」なのだ。それはあのいじめから起こってきたのだから仕方がないこと、と自分を納得させる悪循環が、意識の表層でつねに絡み合っているのである。

呼吸トレーニングとしての坐禅

治療がはじまってから、六回ほどお会いした後、私は、以上のようなことを整理して話し合いながら、Tさんとよく相談し、まず人前で「舞い上がる」のを避けるため、「呼吸の訓練」を行ってみてはどうかと提案した。

「坐禅」という言葉も使ったが、「厳しい修行」というイメージは払拭してもらえるように心がけ、呼吸のトレーニングのために良い方法として実習してもらったのである。Tさんには次のような説明を加え、納得をいただいた。

「坐禅は、第一に呼吸を規則正しく調えるための良い方法になります。そして、その自分のしている呼吸をよく『観る』ことが重要な点。呼吸を『観る』というのは、呼吸に注意を向けておくこと。それをいつも忘れないように心がけて下さい。人前で

『舞い上がって』『自分がなくなってしまう』時、きっと普段の訓練が役立つようになると思う。その時こそ、呼吸をじっと『観る』ようにして、呼吸を調えてみよう。呼吸に注意がしっかりとある時は『自分がなくなってしまう』ことはないはず。しっかり意識できていれば、『自分にいる』あるいは『自分でいる』ことができるはずです。少しここでやってみましょうか。・・・では姿勢を正してみて。・・・『ひとーっ』・・・『ふたーっ』・・・どうですか。・・・はじめはなかなか難しいかもしれないが、少しずつ家で練習してみてはどうだろうか」。

Tさんは、その日からこの「数息観《すそくかん》」（補遺章参照）をする時間を一日何回か持つようになった。そして二週間後。「坐禅を毎日続けるのは結構大変だけど、トレーニングと思ってやっています」「この前、道端で偶然、同級生に会ったんです。反射的にすぐ『やばいな』と思って逃げようかと思ったけど、止まって深呼吸してみました。そしたら、『おお、元気かあ』って、懐かしそうに近寄って言ってくれて。久々に友達と話ができて楽しかった。ここのところあんなこと全然なかったから」。

普段の生活に変化はなかったが、この出来事はTさんの自信につながる一つのきっかけになったようだった。私はもう少し説明を加えた。

「その出会いの立ち止まったその瞬間、『やばいな』の瞬間、そこが勝負になると思う。坐禅は、一瞬一瞬そこで『自分はどうしたいか』と自分に問いかけることでもある。人が来たら、注意がそっちに行くけれど、その時、自分がどうしたいかということ。つまり、呼吸に注意を向けたいか、人に注意を向けるか、それを選んでいる一瞬があると思う。『舞い上がって』『自分がいなくなる』というのは、『人に（注意を）も って行かれている』という事態ではないだろうか。その一瞬に自分がどうしたいかと問いかけることが大切なことだと思う」。

そして次の回、Tさんはこう話してくれた。

「この間先生が言ってた『瞬間』という感じ、あれがよく分かりました。本当にその瞬間の一瞬に、自分が選んでいたんだってこと。つまり、いつも『逃げてたんですよ』。人に会うと、その瞬間、迷ってた。その一瞬がありました。それでいつも、逃げる方を選んでた。坐禅の訓練と思って呼吸に注意を向けていると、分かります、その瞬間が」。

Tさんは、ものごとすべてに対する自分の姿勢、つまり「逃げようとしている」姿勢に気がついたようだった。そしてその姿勢を作っているのが自分自身であり、それを選んでいる「瞬間」の状態に気がついたのである。

「あのいじめで俺はダメな奴になった、って思ってきたけど、それは言い訳してたんだと思います。『瞬間』に気がついたら、いじめと関係なく、俺いつも瞬間瞬間逃げようとしてたように思う。そう思って、勇気出して、瞬間瞬間に勝負と思ってやったら、配達に行けました。これからは店にも出ようと思ってます」。

もちろん即座に変わったわけではないが、Tさんの姿勢はそれ以来、仕事にも徐々に前向きになっていった。「うつ」と言っていた「症状」もほとんど口から出なくなり、お会いするごとに、逞しくなってくるのが目に見えてわかるような感じさえした。治療薬は、少量の精神安定剤の服用はしばらく続けたが、抗うつ薬は中止して経過を見ることができるようになった。

自分を観ること

Tさんとの話合いのなかで、坐禅の意味について私が使った言葉は、「自分を観る」という言葉である。古くから「止観」という言葉が同義語としてあるが、ZENないし瞑想とは、立ち止まって「自分を観る」ことと言ってよいだろう。

Tさんは、その「自分を観る」「瞬間」をうまくつかんだようだ。その瞬間に自分が取っている姿勢に気づいたのである。Tさんの場合、「うつ」という症状も、いじめの体験も、多くのものがみな「言い訳」になっていたようである。その根本にある自分の姿勢自体に気づきの目が開かれた時、症状は大きく変わってゆく可能性をもっている。

Tさんのケースでは、坐禅をしっかりと体得することが治療になったというわけではない。しかし、治療経過に示されているように、呼吸を整えるためという考え方で治療に応用し、その実際の経験を通していろいろと話し合いを広げてみることもできるだろう。

このような「気分変調症」の周辺の事態や、「ひきこもり」的（これは言うまでもなく非常に幅広い概念だが）な事例が近年では非常に増えているが、それらにはさまざまな角度からの心理療法的アプローチが必要とされているにちがいない。

特に成人してからも親と同居を続ける男性の場合には、その根本的なところに、Tさんのような「姿勢」が目立って多いような印象もぬぐえない（客観的データがあるわけではなく、あくまでも個人的な印象にすぎないが）。

Tさんの場合は、ZEN心理療法の導入が非常に役立ったケースの模範的例であるが、この他にも同様なアプローチで軽快につながったケースも少なからず経験している。

坐禅のイメージには、「厳しい修行で精神を鍛え直す」といったイメージも薄くないが、決してそうした要素だけでなく、本例で示したような考え方も応用して、一歩の「勇気」を引き出し、応援するための良い機会になればとも思う。現代のこうした患者さんたちに出会うと、「治療」というより、しばしば「応援団」の役回りを負わされているように思うのは私だけだろうか。

本例で使用した「自分を観る」「自分にいる」などの表現については、改めて第四章で詳しく取り上げて述べてみることにしたい。

5. 生きている意味がわからない

次には、入院での関与が可能だったため、時間をかけて複数の治療技法を組み合わせて行えたケースを紹介してみよう。

Nさんは、初診時二三歳の男性。高校時代の三年間成績はつねにトップクラスだったが、家庭の事情もあって、大学へは進学せずに就職し、大手音楽関連会社で営業担当の仕事をしていた。

就職後四年ほど経った頃のことだった。風邪をひき、高熱が出たにもかかわらず無理して出社した時から以後、微熱が続く状態が一年ほど持続した。そのころから、しだいに仕事への意欲が出ない、考えが浮かんでこない、などの症状に悩まされるようになった。

地元の内科医院を受診したところ、抗うつ薬を処方してくれたが、効果はなかった。その半年後には、都内の某医大病院精神神経科、そしてその五ヶ月後には、上司の勧めで別の病院にも受診した。しかし、やはり症状は軽快せず、そのころより休職。その二ヶ月後、自ら病院を探し、当時筆者が勤務していた大学病院精神神経科を一人で受診した。

初診時には、抑うつ気分、意欲低下、思考力低下、全身倦怠感、入眠困難などの症状とともに「何のために生きているのか」「生きている意味がわからない」「いっそのこと死んでも同じ」などといった苦悩も強く訴えておられた。

それまでの経過のなかで、自分の病いについて参考となる本も何冊か読んできたとのことで、「自分はうつ病にかかっていると思います。これまでうつ病の治療薬を服用してきたのですが、効果は見られませんでした。本で勉強したのですが、薬で効果のない場合、電気けいれん療法という治療があると知りました。その治療が受けられるならと思って受診したのです。とにかくこの苦しみを早く取り除いてほしい」と述べていた。

初診の医師からは、電気けいれん療法は経過によって考慮する、という方針がとられ、これまでの外来での薬物治療とは異なる方法として入院治療が勧められた。

この時までに、抗うつ薬は、当時あったほとんどの種類が使用されていた。診断は、「うつ病」が長引いているという事態も否定できないが、やはり「気分変調症」を考え、積極的な心理療法的アプローチの導入も必要となる病態が考えられた。担当主治医として私に依頼があり、入院後、Nさんとお会いすることになった。

Nさんの入院後の治療経過

入院後二週間ほどは、電気けいれん療法への過度の期待と「早く症状を取り除きたい」という焦りの訴えが続いた。しかし、ひたすら耳を傾ける面接が続いた中で、次第に、自分の心理的問題に目を向ける姿勢が芽生えはじめたことを見て、心理療法への積極的導入をはかることとなった。

丁寧に話を聞くなかで、主に高校卒業以降の人生に疑問をもって仕事を続けてきたことや、何度も転職を考えてきたことなどを話してくれた。そして、「そうした悩みのなかでいつも悶々としてきたことで症状が出てきたのかもしれない」などと自身を振り返って反省しようとする姿勢が徐々に生まれてきた。電気けいれん療法の要求は、少し腰を落ち着けて治療に専念しようという意志が明確になってくると、背景に退いていったようだった。

週に二回ほど約一時間の面接枠を設けて積極的に心理療法を行う時間を設け、絵画療法もほぼ週一回のペースで行い、その時々に、「フォーカシング」や「バイオエナジェティックス」などの治療技法も組み入れた（絵画療法の過程については、以前に心理療法関係の学会誌にまとめたことがあるので、興味をもたれた方は参照いただきたい(15)。本書では絵画療法については省くこととする）。

入院後、約一ヶ月、「自分ははっきりとしたうつ病だと思っていたが、まわりの人たちを見ていると、どうも違うようだ。自分はどんな病気なのだろう」などと述べ、入院当初から続いていた症状への姿勢にも変化が見られるようになった。

治療に利用した「フォーカシング」とは、簡単に言うと、身体の感覚に注意を向け、その感覚を言葉で捉え直していく一種のイメージ療法である。Nさんは、「胸のあたりにある苦しさ」が意識に上ることが多く、中学時代にいじめにあった時の苦しい気持ちを鮮明に思い出した。

身体も小さかったことで皆から「カエル」などと呼ばれ、暴力なども受けたことがあったとのこと。自分はもうすっかり忘れたと思っていたのだが、高校以来、この時のいやな自分をずっと見ないようにしてきたのではないか、などと積極的な自省的態度も表現された。「これまで症状が自分の問題で、早くそれから抜け出したいとばかり考えてきましたが、自分の本当の問題は、人とうまく話ができないことなのかもしれません」と述べている。

本例では「フォーカシング」だけでなく、「バイオエナジェティックス」や「自律訓練法」も時々に行いながら、「瞑想」も導入した。「バイオエナジェティックス」は、さまざまに身体を動かして治療に応用する一種のボディーワークである。「瞑想」に関しては、入院中の豊富な時間を利用することができるため、朝、夕一回ずつ、約三〇分ほどの時間を取ってみることを勧めた。補遺章にある「ヴィパッサナ瞑想」ないし「マインドフルネス・メディテーション」を教示して、はじめのうちは、病棟の面接室で私も一緒に坐って時間を過ごした。

Nさんの場合は実際、これらのいわゆる「体験的心理療法」がきわめて有効に作用したようである。そして、とくに「瞑想」の時間には、面接での会話や、自分が描いた絵画、それに「フォーカシング」や「バイオエナジェティックス」などで浮かび上がってきた感情や体験を、また別の角度から距離を置いて見る時間が持てたようだった。「瞑想の時間が一番貴重です。呼吸を調えると、落ち着いて自分を振り返れる時間が作れます」「いままで何とかしたい、とばかり焦っていて、そういう時間をまったく持ったことがありませんでした。この静かな感じでいればいいんだなって、思えるようになりました」と語っている。

二カ月ほど経過したころには、絵画の中に、これまで混沌としていた現実にあるさまざまな問題を整理して、それらに取り組もうとする姿も表現された。そして、病棟の廊下などでよく一人で「シャドウ・ボクシング」をする姿がみられるようになった。一時はあまりに激しく汗をかき、大声をあげて倒れたりすることもあって、ナースたちが管理上注意せざるを得ない場面も何度か見られ、主治医にも看護スタッフからの心配の声が寄せられたほどだった。

またこのころから、絵画には、「宇宙意識」「前世の体験」「進化」などと題を付けられたイメージの広がりが表現されるようになった。そして「これは単なるイメージではなく、いまでもそんな気が実感としてある。前世があったとはっきりとわかるんです」とも述べられた。

このような体験は、それまで行っていたバイオエナジェティックスや瞑想などと関連して現れたものかもしれず、それらによって一種の催眠的ともいえるような意識状態が日常にも恒常化して現れてきたものだったのかもしれない。

こうした治療によって一種の意識変容ともいえるような状態が起こることについてはさまざまなところで報告されているが、それらをどのように扱うべきかについては、議論もいろいろあるだろう。

Nさんのケースでは、このような体験の訴えには、治療者側からは肯定も否定もせず、ただ受容的に接することに心がけた。病棟内生活では特別注意すべき言動は見られていない。気分や意欲、食欲や睡眠にも問題はなくなり、治療薬は中止できる状態ともなった。

Nさんからは「もうここではやれることはないと思う」という言葉も聞かれるようになり、退院。外来通院に切り替えられ、職場からの復帰への求めに応える形で退院後三週目には職場に復帰することができた。その後三ヶ月目には、自らの決断で退職したが、半年後には自宅に戻って父と二人で喫茶店をはじめ、元気でやっているとの連絡が入った。治療終結後十年以上が経過しているが、症状の再発はその後ない。

各種治療技法の統合のための瞑想

Nさんの治療では、入院での治療が行えたこともあり、集中的に複数の心理療法的技法を組み合わせて使うことができた。

言うまでもなく、治療はそれぞれの患者さんに適した治療をさまざまに考慮して行う必要が出てくる。精神科医の場合、薬物療法の知識や使用法には大きな違いはないだろうが、心理療法となると、人によってさまざまであろう。

私自身は、精神科医になってからの約三年間、精神分析医の先輩に、ケースの相談を含めた教育分析的指導を受けた経験をもっている。その後は、絵画などの芸術療法的アプローチも治療に組み入れながら、ユング派の心理療法の勉強にも力を入れてきた。またその後には、バイオエナジェティックスなど、ボディワークや、各種のイメージ療法の技法などにも関心をもって訓練を行い、自分の臨床の幅を広げてきた。

ZENや瞑想の治療応用に関しては、まだこの十年ほどのことで日が浅いのだが、言うまでもなく、すべての患者さんに坐禅や瞑想を勧めているわけではない。むしろ、本書で述べるようなケースは、私の臨床の中で稀な特殊なものである。

そうした数少ない経験ではあるが、Nさんのケースには、適応をよく吟味して導入すれば、坐禅や瞑想は、さまざまな治療的アプローチを根底で支えるような方法、つまりそれらの体験をうまく統合するための補助的方法として、効果を期待できることが示されていたと考えている。

ZENや瞑想の応用は、とくに精神分析的治療を主体にする人たちがその補助として位置づけて使用してきた研究報告が、すでに欧米では数多く見られる。

この分野の臨床家として代表的人物は、アメリカの精神科医、セイモア・ブーアスタイン（カリフォルニア大学サンフランシスコ校精神科臨床准教授）である。彼は、フロイト派の精神分析医の治療経験の中で、瞑想を応用した多くの症例報告を発表している(25)。私は、ここ十数年来、何度かサンフランシスコの彼の家で開かれている精神科医たちの集まりに参加させていただいたことがあるが、瞑想や新しいイメージ療法などの応用に関心をもつ多くの精神科医たちが集まり、議論や情報交換が熱心に行われている。各種の心理療法技法の専門家たちがそれぞれの専門的アプローチを行いながら、瞑想を取り入れている様子は、米国などではすでに珍しいものではなくなっており、今後、瞑想の価値はさまざまな学派からも認められ、応用が広がってゆくにちがいない。

Nさんの実存的不安と体験的心理療法

さて、Nさんの症状には「何のために生きているのか」「生きている意味がわからない」という訴えが含まれていたことに、とりわけ注意しておきたい。Nさんの抑うつ状態には、その根底に、このいわゆる実存的不安が大きく影響していて、それが症状の慢性的持続にもつながっていたと考えられるからである。

治療過程のなかで明らかになってきたように、この不安は仕事への充実感のなさから転職を考えるようになり、そのころから時折意識にせり上がってきたもののようだった。それは自らの進路に悩みながら、それに対して一歩を踏み出す勇気や決断力が引き出せないまま、知性的に偏って対処しようとしていた姿勢に関連して現れてきたものと考えられる。

治療がはじめられるまでは意識できなかった中学時代のいじめ体験の想起が一つの契機になったが、その時以来長い間引きずっていた対人関係の回避傾向を、自分の問題として受け入れ、それに立ち向かって克服していくことが必要な課題だったようである。

治療経過に自発的な過程として見られたように、そこでは「シャドーボクシング」などを行いながら、自らの身体に眠る力を引き出す必要があったようだ。「生きる意味がわからない」という実存的不安の訴えは、「意欲的に何かをしている」あるいは「生きている感覚」という身体を通した実感がないことを知性的に表現したものだったのかもしれない。

青年期にしばしば見られるこのような実存的不安や苦悩は、ある意味で「知性化」や「合理化」の産物として理解できるものと考えられる[5]。実存的不安に対しては、文字通り「実存（主義）的心理療法」が適応のようにも思えるが、そのように呼ばれる心理療法は、一時流行した多くの著作を見ると、あまりにも当時の哲学的思索からの影響が強く、難解であり、かつ実際の治療実践に際しては実用的な意義が薄いように思える。ちなみに、哲学ないし現代思想の歴史に目を向けてみても、実存主義は一過性の流行ともいえるような位置にあり、現在では当時のような注目は見られないようである。

心理療法の歴史は、つねにその時代の思想に大きな影響を受けるのは当然であろう。本例の治療に使用したバイオエナジェティクスなどのいわゆるボディーワークのアプローチ、またフォーカシングや瞑想などの方法は、思想状況の流れという観点から見ると、実存主義の時代以降、その発展とは別の流れから出現してきたものではあるのだが、それらは決して実存主義と無関係なものではないと考えられる。むしろそれらは、実存主義の影響を受けながら、そこに見出させなかった突破口を切り開いていった流れであると考えている。

筆者のような世代の精神科医ならば、おそらくみな、ビンスワンガー、メダルト・ボス、フランクルといった代表的精神科医たちの実存主義的心理療法や現象学的精神病理学・精神療法を熱心に勉強した経歴をもっているはずである。だが、現在それらの著作を紐解く精神科医や心理療法家がいったいどれくらい多くいるかは疑問だろう。また、フッサールにはじまる哲学的現象学の流れも当時は少なからず強い影響をもっていた。現象学の行く末は、メルロ＝ポンティに至って「身体」への注目を呼び起こしたが、その後は何らの突破口が見出せないまま哲学としての影響力は終焉を迎えたように見え、これに伴って、現象学的な心理療法もまた、それらに感化された時代を終えたようである。

しかし、その後になって登場してきたボディーワークやフォーカシング、東洋の瞑想などへの関心は、実存主義の時代があったからこそ生まれてきたものであると考えたい。そして、それらは実存主義のあまりにも知性的な偏りを反省しながら、それを乗り越えていく動きとして注目されるべき流れであると考える。ユングの思想が大きく関心を呼ぶようになったのも、このような時代変遷を経た思想的流れのなかで、心理療法における内面の体験的イメージの重要性がとりわけ注目されるようになったことが関係しているにちがいない。

心理療法における「反省」と瞑想の位置

心理療法においてなされることは、基本的には「反省」である。ここではNさんに行った種々の「体験的心理療法」を捉えなおすことを目的に、心理療法における「反省」の三つの形について、瞑想にも造詣の深いアメリカの心理療法家、ジョン・ウェルウッドの考え方を参考に述べてみよう。

「反省」というものには、まず第一に、概念や理論を参照しながら反省する「概念的反省」が挙げられるが、心理療法はそのような反省のタイプだけに限ってはいない。そのアプローチを一旦脇に置いて、身体感覚や内面のイメージを重視して働きかけようとするタイプ、つまり「現象学的反省」タイプと呼ぶべき一群のアプローチが存在しており、それらは「概念的反省」によるものとは区別して考えられるものである。

通常のカウンセリングや簡易型の心理療法は、主として「概念的反省」に働きかけるものが中心であるが、フォーカシングやボディワークのアプローチは、それとは異なるアプローチであろう。

近代的心理療法の基礎を築いたフロイトの精神分析でさえも、一見すると「概念的反省」のように思えるのだが、その本来の技法をよく考えれば、「自由連想」という技法は、そもそも「概念的反省」よりも「現象学的反省」を中心とする技法とも考えられる。ユングの「能動的想像」もまた、このようなタイプ分けで見れば、「概念的反省」に働きかけるものではない。

「現象学的反省」と名づけられるのには、正当な理由がある。これらのアプローチは、「ものごとに対するあらゆる億見を括弧に入れて見ようとする」哲学的現象学の基礎に忠実に従ったものといえるアプローチだからである。

そして、心理療法にはさらにもう一つの「反省」の形があると考えられる。「現象学的反省」の場合には、まだものごとを対象化して見る姿勢が残されている。しかし、その姿勢さえも越えてものごとをただありのまま過ぎ行くままに観察することだけをめざす「目撃的反省」と呼ばれるアプローチが加えられるからである。

こうした意見は、従来東洋諸国に伝統的に引き継がれてきた「瞑想」を、現代の心理療法として積極的に評価し、実際の臨床実践に生かそうとする治療家たちが数多く生まれてきていることによって提出されるようになったものである。

実存とスピリチュアリティ

「実存的問い」、つまりNさんの症状の中心にあった「生きている意味がわからない」という訴えは、過去の実存主義の時代に見られたようないわゆるインテリ相だけにとどめられるものではなく、「心の時代」とも評される現代社会では、ますます多くの人々に問われ出している課題のように思われる。エーリッヒ・フロムの「世紀の病い」

を思い起こしていただきたい。

このような時代背景を考慮した視点から述べるならば、これまで使ってきた「実存的」という言葉は、近年欧米で盛んに使用されるようになってきた「スピリチュアリティ（霊性）spirituality」という言葉の方がより適切に言い表した表現のように思える。現代の「スピリチュアリティ」という用語は、「生（死）の意味や目的を求める無意識的欲求やその自覚」を言い表すものとしてかなり幅広く定義できる言葉になっており、この言葉は、経済的豊かさを獲得した現代社会特有の文化状況を背景にして、ますます多くの人々から重要な意味をもたされ、広く一般社会のみならず、医学や心理学の領域でも盛んに使われるようになってきているからである[12]。

この用語のわが国への導入については、まだまだ多くの議論と慎重な検討を要すると思われるが、現在の世界的状況から見ると、「スピリチュアリティ」にどのように接するかという問題は、現代の心理療法にとって最も大きな課題の一つになってくると思われる。

先に述べたように、身体に働きかける体験的心理療法の登場は、「生の意味を問おうとした」実存主義的心理療法を引継ぎ、それを乗り越えていく動きとして捉えられる。そうであるとすれば、Nさんのようなケース、すなわち「心の時代」と深く関連して現れているように思える実存的不安を訴える症例などに対しては、むしろ積極的に利用され、その可能性が模索されるべきであろう。

ただし、それらのアプローチには、従来の心理療法の枠を超えるようなさまざまな問題も見られるにちがいない。Nさんの例のように、いわゆる「非日常的意識状態」が治療過程に現れた場合、そこでは治療者としてつねに慎重な姿勢が要求される。

Nさんが絵画に描いた「宇宙意識」や「前世体験」「進化」といった意識内容は、それが明らかにリアリティをもった体験として存在したのだとすれば、通常の意識状態の枠をはずれた意識状態であるとして危険視する向きも当然のことながらあるにはちがいない。

しかし、少なくともNさんの治療経過においては、病棟内での生活全般を見て、そのような危険性を考える必要はなかった。それらは種々のボディーワークから浮上した体験であることは間違いないと思われたが、そこでそれらの体験に対して危険視することなく接することができたことが、むしろ治療的に意義をもったと考えている。

Nさんが体験したイメージの内容は、単なるイメージという範囲を超えたかなり現実味のある体験的意識内容であった。筆者はそのような「前世の体験」が「実在するものを体験した」と考える者ではない。また、こうした体験がある種の催眠療法などによって誘発されて現れてくることはよく知られているようだが、その真偽などについて筆者が特別の興味をもっているわけではないし、それを本人と深く話しあうこともなかった。

本例でのこうした体験の意味について言えることは、日常とは異なった意識状態から新たな目で現実を見るという視点が用意されたことが、治療的意味をもっていた可能性があるということである。

Nさんの治療に際して実際、私は、これらのいわゆる非日常的体験を示唆するような言葉は一言も述べたことはなかった。これらはその人の治療過程で自然な心理的プロセスとして現れたものなのである。

しかし、よく言われるように、フロイト派の治療者の患者にはフロイト的な夢が多く、ユング派の治療者にはユング的な夢が多く現れるというのは事実のように思える。治療はその内容（コンテント）よりも文脈（コンテクスト）に左右されるという見解[97]は、心理療法においては重要な意味をもつものと考える。その意味で、本例に現れた絵画に見られるイメージは、治療に当たった主治医である筆者の無意識的な枠組みが強く影響を及ぼしたとも考えられる。

筆者は、近年米国で生み出された「トランスパーソナル心理学／精神医学」[81]に強い近親感をもつ者であり、Nさんの治療にあたった当時は、確かに「トランスパーソナル心理学／精神医学」がもつ幅広い枠組みに共感しながら、種々の体験的治療技法を熱心に勉強していた時期にあった。しかし、当時はそれがまったく斬新なものという自覚をもつがゆえに、かえって慎重に接しながら、その種の内容をほのめかすような言動は厳しく自制していたのである。にもかかわらず、そのような体験が語られたことには、当時の診療場面において強い驚きがあったことをよく憶えている。

治療に当たってトランスパーソナル心理学／精神医学のような広い枠組みをもって接することの危険性については、つねに自覚を怠らないことが重要であろう。Nさんの治療は、入院という保護された環境があってこそ成り立ったものと考えている。外来通院のみでこれらの体験的心理療法を行うことは、確かに慎重でいなければならないと考えている。

6. 中年期の危機

「中年期の危機（ミッドライフ・クライシス）」という言葉がある。これは、ユングが強調して述べたこととしてよく知られている。

ユングは彼自身、中年期に深い精神的危機を体験していた人物だった。そして彼は、その自分の危機的体験とも関係して、当時の西洋社会ではほとんど関心をもたれなかった東洋の「瞑想」や仏教的伝統に強く興味を寄せた人物である。

彼は実際、自分自身でも「瞑想」を行っていた。そしてさらに、「能動的想像」と呼ばれる一種の「瞑想」を、治療に使用していた精神科医なのである。

少し、ユング自身の言葉を見てみよう。

「人生の午後の始まりは、いわば第二の思春期あるいは疾風怒涛期であって、この時期が情熱の一切の嵐につきまとわれることも決して稀ではないのだ（「危険な年齢」）「だから、重いノイローゼの多くが人生の午後のはじまりに現われてくるのも少しも不思議ではない」「しかし、この年頃に起こってくる数々の問題は、もはや昔の処方では解決されないのである。人生という時計の針は後戻りさせることができない。若い人間が外部に見出し、また見出さざるを得なかったものを、人生の後半にある人間は、自己の内部に見出さねばならないのである」[50]。

ユングは、さまざまなところで、人生の「午後」の問題は、人生の「午前」の問題とはまったく異なるものだということを繰り返し強調していた。有名な「集合的無意識」という考え方も、この「午後」の問題と深く結びついて述べられたものである。

Lさんの危機

Lさんとはじめてお会いしたのは、診察室であった。だが、彼は治療のためにではなく、私の著書を読んで訪ねてきて下さったのである。Lさんは五七歳。建築設計事務所を経営しておられる社長さんだった。

「仕事やプライヴェートでも、いろいろと難しい状況が重なりましてね。心配ごとがあると夜もあまり眠れず、何度も目がさめてしまう日が続きました。『厄年』というわけではないのですが、積もり積もったことが一挙にきた感じになってしまって、苦しい時期を過ごしました。少し仕事を離れて、リゾートで休暇を取ったりなどして、忘れようとしたのですが、やはりどうしても一度しっかり『自分自身を見つめ直したい』という気持ちが募ってきましてね」。

「お遍路などに出かけた時期もありました。でも、それもまた帰ってくれば同じ。そこで、瞑想や坐禅に興味をもつようになったのです。近くの寺の参禅会などに出ながら、自宅でも坐禅をする時間を持つようにしています。それで、もう一年ほど経ちましたが、先生のご本を拝見しましてね。苦しかった時に随分勇気づけられた思いがあるものですから、是非一度お話してみたいと思っていたのです。患者としてくるのもどうかとは思ったのですが、わざわざ時間をとっていただくのもまた失礼かなと思いまして」。

ネクタイをきちんと締め、笑顔で溌剌とお話になる白髪の紳士に、大きな苦悩の影は感じられない。どうやらつらい時期はすでに乗り越えてこられたようだった。

Lさんの危機というのは、会社の経営がうまくゆかない、といった類のものではない。むしろ会社は不況下にもかかわらず、順調とのこと。では何があったのかというと、その順調ゆえの悩みというのだろうか、会社の大幅な拡張計画が数年前から持ち上がり、新しいビルを丸ごと買い取ることを巡って、社長として決断を迫られる状況に直面したからだった。

経営状況に問題はなく、はじめはLさんも大いに率先して計画を進めてきた。ところがそんな時だった。大学院に通っていたはずの息子さんが、まったく通っていなかったことが判明した。そして息子さんは、大学院には父親に無理やり入れられたのだと恨みを爆発させ、親の考えにはもう従わないと言い放って、本気で家を出て行ってしまったのである。

このことがきっかけになった。自分の周囲を見渡してみると、妻ともまったく精神的なつながりが欠けてしまっていることがいたく胸に滲みた。大学生の一人娘も、父親と話をするのを避けている。むしろ、妻と一緒にいつも自分の悪口ばかり言っている様子を知っていたが、見て見ぬふりを続けてきたのだった。そしてLさんの身体にも異変が起こった。胃潰瘍で手術が必要な事態となり、加えて、痛風の発作まで起こるようになってしまったのだ。

Lさんの心に強く浮かび上がってきたのが、「自分を見つめ直したい」という気持ちだった。子供たちの教育などもほとんど本気で考えてこなかったのではないか、何度かの浮気があって妻ももう何も言わなくなっている。すべて、仕事がうまく行っていればそれでよいと、本気で反省するようなことはなかったのである。

息子には大学院を出た後に、事務所を継いでもらうつもりで、先行きも心配することは何もないと考えてきた。ところが思いはまったくの一人よがり。まさに家庭を顧みてこなかったことのツケに一挙に直面させられたのだった。

それ以来、仕事にも身が入らなくなっていく。事務所の拡張の話はすでにビルの購入計画が着々と進んでいた時期だった。実際数百万の手付金まで支払ってあったのだが、結局は、それを全部ふいにしてまでキャンセルしたとのこと。

そのままの生き方で、先の人生を駆け抜けていく自信が完全に失われてしまった。「自分を見つめ直さなければ先に進めない」「ここで反省しないままでいれば、いつかもっと大変なことになるだろう」という考えが頭にもたげてくる。忘れようとするのだが、その思いは仕事をしていても、飲みに出かけても、休暇を取っても、拭い去ることができなくなっていったのである。

坐禅への興味

四国遍路の旅は、そんな状況で思いついたことだったという。自然の中を汗をかいて歩き回っていると、いつしか思いはどこかに消え去って行った。心地よい疲れに浸され、心洗われるような思いも何度も味わった。だが、帰ってくるとまたすぐに、気の晴れない日々が舞い戻ってくるのだった。

ある時、本を見て、禅で大切にされてきたという「看脚下」という言葉に出会った。「足元を見つめること」。自分に欠けていたことが痛烈に胸に突き刺さってくる思いがした。参禅会に通うようになったのは、それがきっかけである。

何度も熱心に通った。そして自宅でも坐禅を欠かさず毎日するようになった。座って静かな時間をもつことは確かに心を落ち着かせる時間になった。だが、やはりそれ以上の意味はなかなかつかめない。仕事に出れば同じ毎日が続いた。続けてゆくのを躊躇《ちゅう》い出《ま》《よ》したそんな折、坐禅に関する本を探している時に、私の本を手にしてくださったというのである。

「心理学の知識はほとんどないので、難しいところが多かったのですが、坐禅や瞑想を一種の心理療法として捉えるという西洋生まれの考え方には深く共感できました。私の場合は、自分自身の心理療法が必要なのだと思ったのです。ご本にはそう考えて読むと、うなづけること、役に立つことがたくさん書かれていました。坐禅は確かにただ座るだけ。そのこと自体が重要で他に意味はない、という考え方は理解できます。ただ、自分が座って何をしているのか、それを納得して行えることが、私には必要でした。途中で挫折しかかった時、ご本に出会えたことで続けてゆく納得を与えていただきました。これといって大きな体験があって開放された、というわけではありませんが、自分にとっての坐禅の意味、それが座っている時だけでなく毎日の中の訓練としてあるという考え方がとても役に立っていて、さまざまな時に自分を学ばせてもらえる機会が持てるようになった気がしています」。

坐禅の効果

私はLさんの「辛かった時期」のことをもう少し聞いてみたいと思った。もうすでにその時間をしっかりくぐり抜けてこられ、振り返れる余裕も十分にもっておられると感じたからである。Lさんは応えて下さった。

「とにかく毎日、朝早く目が開いてしまうのが一番辛かったですね。三時とか四時に決まって目が覚めてしまうと、胸がつまるような思いが続きました。頭の中には次から次にいろいろな考えが駆けめぐって、それも心配事ばかりで、どんな事にも前向きになれない。起き上がる時にはもうくたくたになって、それで朝になる。そんな日がしばらく続きました。いままでしてきたことがすべて否定的な意味をもって一挙に襲いかかってくるという感じでしたね。とにかく考えが巡り巡って、胸が苦しい。それが止んでくれない。仕事に出ると少し忘れられるので、それが救いといった感じだったのです。この年になって眠れない日が続くのは、体力的にもかなり厳しい。それにいままでの自分の生き方自体を反省させられるという経験でしたからね。何と浅はかに生きてきたことか、と自分を責め出すともうどうしようもなく落ち込んでいくんです」。

「坐禅はそんな中でやり出したのです。呼吸を一つずつ数えて、それに集中するだけで、かなり忘れられましたからね。横になったままでも、ゆっくりと呼吸して『ひとーっ』と数えることに注意を傾けると、考えが退いてくれて、大分楽になりました。今思うと、それはただ辛い思いから逃げることに役立っただけなのでしょうが・・・。でも、それで坐禅の呼吸も少しずつ身についていったように思うのです。続けてゆくうちに、その少しでも楽な時間が救いになって、『ああ、この感じがいつも持てればいいのだな』と分かるようになった気がしました。いつの間にか、そんな時間を大事にしていたら、焦ることがなくなって、ゆっくりと自分の人生を反省する余裕というのでしょうか、いろいろと沸き上がってくる考えに向き合えるようになったという感じです」。

Lさんの変化には、家族も、会社の人たちも驚いているらしい。自宅では毎日、和室にこもってじっと座るLさんの行動を見て、無言のまま、家族にもさまざまな変化が生まれているようである。

それはLさんの物事に臨む姿勢を見ればよく分かる。彼は、反省の姿勢をいつも深く胸に刻んで、日々人々に接するようになっているからだ。私の著書がお役に立てたということは、これほど嬉しいことはないが、Lさんにお会いできて、私もこれからの人生に臨む姿勢を多く学ばせていただいた。

日本の中年危機

「若い人間が外部に見出していたものを、人生後半にある人間は、自己の内部に見出さねばならない」。Lさんのお話は、このユングの言葉を改めて噛み締める思いにつながる。

Lさんの道のりは、広げて考えてみれば、現代の日本のあり方とも重なっているように思われる。戦後、一丸となって急速度で成長を続けてきた日本社会の豊かさは、Lさんたちやその前の世代の方々の必死の努力によって築き上げられてきたものだろう。

しかし、いま私たちは、その猛スピードの疾走ゆえにと言うべきであろう、外部に築き上げてきた豊かさの陰に置き忘れてきてしまった「内部」を見出さねばならない時代を迎えているのではないだろうか。

高度経済成長の思春期・青年期を過ぎて、日本はいま、中年期にあるという言い方もできるように思う。「若い人間が外部に見出していたものを、人生後半にある人間は、自己の内部に見出さねばならない」のである。

そのような自覚が芽生えた時、先の道を歩むことは「自分自身の心理療法」として、姿を現してくる。Lさんのすごいところは、「自分を見つめ直したい」という内部からの声に素直に従ったことだと思う。それだけ苦しい日々だったということなのかもしれないが、それまでの習慣化した自分の態度や姿勢を変えるのは、なかなか簡単にできることではない。

しかし、Lさんはそれを勇気をもって行った。そしてLさんが教えてくれるように、本気でそんな姿勢を持った時、坐禅や瞑想は、その道を自覚をもって歩もうとする人々に、多くの価値をもって迎えられるはずである。

Lさんはこう言っておられた。「私たち団塊の世代は、とにかく競争に勝って、上に行くという意識で、がむしゃらにやってきた。それでここまでこられた、という自負もあるのですが、もうそろそろ、そんな生き方が見落としてきたことに気づかないといけないのでしょうね。がむしゃらに走っては思いっきり休むというパターンで来ましたが、体力の衰えを無視してやってゆくわけにはいかなくなっている。年を取ったら、力を抜いて坦々とやれるような生き方を探すことが必要になってくる。そう思うと、坐禅はそのためにもとても良い訓練ではないかと思っています」。

西洋における〝ZEN〟は、このような「生き方の方向転換」という点に重なり合うものであろう。それはすでに現代文明を先陣を切って突き進んできた西洋文化が、いち早く見出した（反省の）方向性でもある。が、私たちにとってそれは、「足元」にあるものなのだ。

Lさんはそのことを身をもって教えてくれているように思う。いま団塊の世代の方向転換が模索されているというのであれば、これからの日本の社会をさらにリードして下さる多くの先輩たちの探求に期待している。禅や仏教の伝統は、その方向性に多くの教えを与えてくれるものにちがいない。日本のすぐれた精神文化の伝統は、私たちがそれに気づくまで、それをしっかりと守り続けてくれているのである。

ユングはその道を「個性化」の過程と名づけた。現代では「自己実現」という言葉も広く使われるようになったが、それらは長き禅の伝統に引き継がれてきた「己事究明」という言葉と変わりはないと私は考えている。自分たちがどのようにして今に至ったのかを知り、それを意識化して自覚を深めることが、これからの時代に求められていることであろう。私たちの足元にある「己事究明」の伝統は、今後の来るべき社会において、一人ひとりの心理療法を手助けするものとして、その偉大な価値を蘇らせてくれるにちがいない。

7. 老いを見つめる深い反省

禅とは「己事究明」である。「自己の究明」というものは、ある意味で、人間の生き方を根底で支える根源的欲求を表現したものであろう。

この世に生を受け、死を迎えるまで、その人の人生の中には「問い」が存在し続けている。それは普段の日常生活ではほとんど意識されないとしても、深いところで常に存在している。その「問い」にあえて意識的に向き合おうとする生き方が、「禅」と呼ばれてきたものではないだろうか。

人は何らかの大きな衝撃的出来事に見舞われてはじめてそれに出会うかもしれない。多くの人が、肉親の死、不治の病、大災害や事故、仕事上の挫折、離婚など、どうにもならぬことや、思いもよらぬ出来事に直面して、はじめてその問いに気づく時を迎える。

ブッダの「生老病死」を挙げるまでもなく、人間は自分自身に降りかかる苦しみを知って、そこから、「道」を歩みはじめるのであろう。

「老い」は、そうした数々の苦しみのなかでは、突然降りかかってくるものとは違って、ゆっくりと時間をかけて訪れてくるものである。そのため、それに向き合う目を持たずにいる限りは、「気づく」きっかけを与えられるものではない。しかし、それに真摯に向き合おうとする自覚を持つならば、時間をかけて取り組むことを許される有意義な過程である。

この意味で「老い」という過程は、現代人にとっては、かつてない時間的猶予が許される特権を与えられたものであり、それをいかに有意義に過ごすかが問われているにちがいない。したがって、「老い」は、いまの時代には人生において最も重要な意味を担っている。現代の超高齢化社会の到来は、単純に「老い」を経験する人々が増えるというだけでなく、「老い」の過程がかつてなく様々に探究されることを意味するだろう。その過程は、ゆっくりと、それまでの人生に反省の時をもたらすものにちがいない。

女性にとっての瞑想

Eさんとの出会いは、本の読者として手紙をいただいた時にさかのぼる。私が以前の著書の中に書いた「今後の日本社会に、坐禅や瞑想を行う（とくに中年以降の）女性が増えることを期待している」という言葉にお応えをいただいたのである。

Eさんは公立の女子大で長らく教鞭をとっておられた方だった。「もう完全にご隠居」とのことで、手紙にそのことは触れられていなかったが、私の知人に偶然Eさんの教え子がいたことから、連絡をもらい、その後何度かお会いする機会ができた。

Eさんの話は、心理療法や「治療」というものに直接関係するものではないのだが、「ZEN心理療法」というものを広い意味で考えるには、非常に重要なことを数々含んでいると思われるため、是非ともここで紹介させて頂きたいのである。

Eさんは現在、七十台後半に差し掛かる女性である。約十年前から、寺の参禅会などに時々参加するようになり、自宅でも坐禅の時間を持つことを大切になさっておられる。

年齢から言ってもそうだが、女性が坐禅するというのも、現在の日本ではかなり珍しいことであろう。日本の伝統的な禅の世界は、男性の場所というイメージが非常に強く、実際いまでも女性が本格的な修行をすることは一般的ではないからだ。しかし、一般向けの参禅会や瞑想を行う会などへの女性の参加者は、決して少なくないことは、言うまでもない。

Eさんが坐禅あるいはＺＥＮに関心をもつようになったのは、アメリカ在住の知人に声をかけられ、しばらくの間、友人たちと西海岸で過ごしたことがきっかけだったという。ある日の友人たちの集まりで、アメリカ人の友人の一人が、時々「ＺＥＮセンター」に出かけるという話をしていて、「日本人ならば禅のことはよく知っているでしょう、できたらいろいろ教えてほしい」などと尋ねられたことがあったのである。

Eさんにとって、ＺＥＮという言葉は、やはり男性の宗教的修行というイメージばかりが強く、はじめはとまどったが、アメリカでは女性もたくさん参加しているとのことだった。しかし、Eさんがそれを聞いてまず思ったことは、そもそもなぜ普通の生活をしている女性たちが坐禅などをしようとするのかということだった。

友人は次のように答えてくれた。「普段の生活の場を少し離れて、自然の中で瞑想の時間をもつと、心が清々しくなるから気に入っている。私はブッディズムつまりブッダの考えに賛成だし、瞑想というプラクティスが人生にはとても重要なものと考えている。それに、私ももう孫が何人もいる年になって、自分の人生を振り返って反省する時間をとくに大事にしたいと考えている。今度あなたも一度ご一緒にどうですか。みな気軽にちょっとストレスがたまったからという感じできていますから」と。

年の頃はEさんとほとんど変わらないその友人の言葉に、「はっと気づかされた思い」がしたとEさんは言っておられた。

もちろんEさんも七十すぎである。自分の人生を振り返ることの大切さは感じている。しかし、実際そんな時間を持つことを目的に宿泊施設に滞在するなどとは、考えたことがなかった。外国旅行をそんなふうに考えることがなかったわけではないが、やはり観光とか息抜きという考えの方が大きく、そんな意味づけをしたことはなかった。自然の中に出かけていって「そこで反省する時間をとくに大事にしたい」という言葉が、強く心に残ったのだった。

そして、何より、そのアメリカ人の友人が女性としてとても魅力的に思えたという。

Eさんにとって、後にこの友人と訪れたZENセンターでの経験が非常に大きなものとなった。その旅行から日本に帰ってくると、近くの禅寺を探して、参禅会などがある時には参加してみたりするようになったのである。

戦後の女性と今

Eさんには、一男一女、二人のお子さんがいる。二人とも戦後生まれで昭和二十年代の後半生まれ。ご主人は、弁護士をしておられたとのことだが、十数年前に他界された。戦後の高度経済成長期、つまり今の日本の豊かな発展を引っ張り、形作ってこられた世代である。

Eさんが反省していること、それは女性として歩んできた自分（たち）の生き方に関わることだった。もう少し焦点を絞って言えば、教育者としても母親としても、自分たちの世代の子育てや教育がこれで良かったのだろうかという問題である。

Eさんの二人のお子さんに大きな問題が生じたというわけではまったくない。Eさんがおっしゃるには、七十も過ぎてくると、自分の人生も、ただ個人的なこととして見るだけでなく、大きな時代の波からそうさせられてきたものという視点も持てるようになってくるのだと、述べておられた。

そして、そのような目をもって振り返ってみると、特に次の時代を担う今の女性たちのあり方に、「まさしく老婆心ながら」危惧をもつことも多くなる。自分たちの世代も含め、いま、女性たちが深く反省しなければならないことが、山ほどあるような気がするというのである。

私にとっては、これまでそのようなことを考える機会はほとんどなかったから、お話は非常に新鮮に感じられた。確かに、今の時代は何事にも女性の力が大きくなっていることは分かる。社会の中心で表に立つのは依然として男性が多数だとしても、それを家庭で支えているのは女性であり、家庭での女性の力はかつてなく大きいようにも思える。

父親の権威は低下しただけでなく、「お父さんは馬鹿にされ相手にされていない」とさえ言えるようだ。つまりこの社会を根底で支えているのは女性であり、その影響は、この現代社会を真に動かす力とも言えるのである。もっとも、それはいつの時代も変わることのない真実なのかもしれないが。

ここに述べる話は、Eさんからの受け売りであるし、Eさん一人の偏った意見と片付けてしまってもよいのかもしれない。実際、Eさんはそのように私に話してくれたものだ。しかし、少なくとも私には非常に納得のゆくことも多かったし、重要でありながら、このような意見を述べている方はあまりおられないようなので、あえて紹介したいと思っている。その特徴的な要点だけを拾い上げて述べるしかないので、Eさんの意に沿わないものになってしまう可能性もあるのだが、その点はお許し願いたい。

Eさんのお話を続けよう。

「女性が強くなった」とはよく言われるが、その変化は世界的な時代の動きだけでなく、日本の場合は、敗戦にまでさかのぼって考える問題も含まれているとEさんは言う。敗戦は男性たちに、それまで持っていた威信や自信を一挙にそして完全に、失わせる事態を引き起こした。女性たちの心にも、その時、意識の底でもう本当に男性には頼ることができないこと、その上で生きて行かねばならないことが、深いところで刻み込まれたのかもしれない。

Eさんによれば、女たちの情報伝達は男性には分からない形で、独特のネットワークで広く進むもので、それはいまも変わらずにあるという。今の男性たちは、総じて家庭での地位をなくしているが、それも、敗戦にまで連綿とつながる女たちの思いと無関係ではないような気がすると。実際、敗戦直後から、多くの女性たちが「強く」そして男に頼らず、生きてゆかねばならなかったのだ。

Eさんによれば、いまにつながる家庭でのそうしたあり方は、仕事の給料が銀行振込に変わったことも関係しているという。一見そんなことは些細なことと考えがちだが、Eさんから聞いて、実際に給料袋を手渡される妻たちの気持ちというものを考えてみると、男性との関係という面では、まさに重大な影響をもった出来事だったのかもしれない。

さらに教育の問題について。現代になって何かと問題が噴出する子供たちの教育にも、何と言ってもやはり、母親の影響が強い力をもつ。Eさんたちにとって、その母になる人たちを育ててきたのが、自分たちなのである。Eさんにも娘がいるが、自分たちは、次の時代を担う母親たちに何を伝えてきたのか。

明治生まれの自分の母親のことを考えると、彼女たちは立派だったと改めて思い知らされる。彼女たちは決して言葉が長けていたわけではなかったが、無言のまま背中で、女性の美しさやモラルのあり方を伝えてくれていたように思う。そして男性を引き立て、男性が逞しくあることが美しいことをよく知っていたのではないか。だが、自分たちは何をしてきたのか。そう考えると「これでよかったのか」という「老婆心」がぐっと頭をもたげて湧き出してくるというのだ。

とにかく、いまさまざまな世代にいる女性たちが少しでも自分のこれまでの生き方に反省の目をもつことが必要ではないか。自分に何ができるというわけではないが、アメリカの女性たちとも同じように、この「反省を大事にする」年代になって、坐禅や瞑想の価値がもっともっと女性たちの間で認められる日がくることを願っている、とEさんは話して下さった。

ZEN心理療法の役割

Eさんの話には、現代に生きる女性たちにとっての熱いメッセージが込められている。私には、女性の社会のことや女性独特の情報伝達があることなどについては分からないが、そのようなことがあるのだろうと推測はできる。

年配の女性の方々がZENに興味をもって実習したりするのは、アメリカで経験してきたEさんのような形があれば別だが、なかなか見られないことだろうから、Eさんはやはり特殊な人ということになるのだろう。しかし、それはいまの日本の場合である。アメリカでは実際、Eさんの話にあったような形で、ZENセンターに多くの年配の女性たちも訪れていることは私も知っている。

「人生を振り返って反省する」という考え自体が、日本ではまだ、実際の問題意識として多くの人々の心のなかに浮上してきていないのかもしれない。が、「老い」という過程に向かい合う人々が年を経るごとに増えてゆく状況の中で、Eさんたちのような取り組み方、すなわち、「老いを自分の心理療法として捉え直す」といった視点は重要なものにちがいない。

「老い」という過程に「自己成長」という要素を見ようとするのが、「心理療法」の立場であるとすれば、ZEN心理療法は、これからの高齢化時代において非常に貴重な位置を占めているのではないだろうか。

Eさんの思いを少しでも伝えることができたなら、と考えて述べてみたのだが、ZENでなくとも、何らかの形で「人生を振り返る時間」が積極的に持てる場というものは、今後の社会においてもっと考えてゆかれなければならない大きな課題にちがいない。

8. ZEN心理療法の適応と非適応

心理療法としての瞑想の応用は、今後おそらくさまざまなところでさらに広く行われてゆくだろう。しかし、瞑想を実際に心理療法として応用するためには、十分に注意しておかなければならないことも数々ある。

というのも、瞑想を「治療法」として利用するのであれば、あらゆる治療法がそうであるように、その治療法がどんな人にとって有用であり、どんな人にとっては行ってはならないか、という点について注意して考えておかなければならないからである。

ここでは、瞑想の治療的側面について述べてきた最後の締めくくりとして、その適応と非適応の問題について触れておくことにしたい。

まず最初に、心理療法がその対象とする病いに対してとる基本的な考え方について触れた上で、述べてゆくことにする。

心理療法のアプローチは、一般的に大きく二つに分けて考えることができる。一つは、無意識に抑圧されたものを浮上させ、それを意識に取り入れることが治療作用をもつとする「抑圧解除的技法（uncovering technique）」。フロイトの精神分析の考えに立つものだが、「神経症レベル」と呼ばれるたいていの心理的病いには、基本的にこのアプローチが取られる。

しかし、一般の神経症レベルよりもより重い障害をもつと考えられる、たとえば「境界例」などの病いの場合には、この抑圧解除的な方法はむしろ有害になると考えられている。それらの病いにおいては、そうした方法に耐えられるだけの十分な自我の強さが形成されていないことがまず一番の問題であり、いわばまだ抑圧が十分に行えるようなレベルには達していないことが病理を生み出している原因と考えられるからである。こうした場合には、抑圧を解除させるのではなく、むしろ必要な抑圧を強化させ、自我の構造をしっかりと作り上げるアプローチ（「構造構築的（structure building）技法」と呼ばれる）が必要になってくる。

心理療法ではこのように自我の発達レベルを十分に考慮に入れて、病理構造を捉えながら、治療的アプローチが選択されなければならないが、瞑想を心理療法として応用しようとする際にも、この視点が非常に重要なことは言うまでもない。瞑想の治療的メカニズムを頭に入れるなら、一般的に、瞑想には抑圧解除的技法として応用されたり、その補助として利用できる可能性が認められると言える。また、自我の発達レベルが神経症レベルよりも先に進んだ（成長した）とされるレベルにある場合には、瞑想が有効に利用される可能性は十分にあると言ってよいだろう。

しかし、従来の心理療法において構造構築的技法が必要とされるような病いの場合には、瞑想は安易に適用されるべきではないと考えられる。そうしたケースに適用されれば、かえって事態を悪化させ、混乱を招く可能性が大きいからである。

つまり、瞑想は、境界例や自己愛的障害などの人格障害や精神病に対しては、適用されるべきではないと考えられる。精神病の場合には、落ちついていた精神症状が賦活されたケースの報告もなされている。

また、瞑想を治療として応用しようとする際には、その実践の途上にさまざまな「落とし穴」があることについても十分知っておかなければならない。このことについては、他所[6]で詳しく述べたことがあるので本書では省略するが、瞑想実践には、その過程のなかでさまざまに精神的混乱を招くような事態が生じる可能性や、時には従来の医療や心理療法では対応がむずかしい場合があることも報告されており、将来的にはさらなる研究の進展と、熟練した瞑想の指導者たちとの対話や交流が盛んに行われることが必要であろう。

第三章

治療者・対人援助者のためのZEN

1．ZEN心理療法の本質

ZEN心理療法に期待をもって実践してみようとするなら、それはまず、何よりも先に「自分自身に行ってみる」ことが重要かもしれない。

もしある人が何らかの治療法を勧めるのであれば、それをその人が体験していることが重要であろう。このことは、他のどのような方法であろうと同じことである。加えて、ZEN心理療法の場合は、クライエントに対してよりも、むしろ治療に当たる人間にとってこそ必要と考えられる点が多いからである。

治療という言葉を使うと、それを行う者の何らかの能力が有効に作用するといった意味あいが強くなるが、ここで述べたいことは、その能力を言う前の、治療者の姿勢や態度に関わることである。治療者とは、治療を行う人間である前に、まず援助を行おうとする気持ちをもった人間であろう。その態度は、広く対人援助と呼ばれる仕事に共通して求められる、いわば根本的な態度である。

ZEN心理療法の本質は、その治療作用や効果などよりも、むしろこの根本的態度にこそ大きな意義が存在するとも考えられる。

本章では、このような視点をもって見ることで、ZEN心理療法の意義をさらに広げ、より深く掘り下げて考えてみようと思っている。

傾聴・受容・共感を養う

心理療法に携わる人間にとってもっとも重要なことは、何よりもまず、クライエントの言葉に耳を傾け、話を「よくありのままに聞くこと」であると言われる。また、現代カウンセリングの基礎として重要とされるロジャーズの「治療の必要十分条件」[75]、すなわち「受容」「共感」「純粋性（自己一致）」の「三条件」も、いわば心理療法に携わる者の「常識」になっていることである。

ならば、ごく単純に、良き心理療法家になるためには、あるいは良き治療者を育てるためには、これらの能力を高めるための訓練がなされなければならない。

このことは、心理療法に携わる者だけでなく、広く対人援助専門職と呼ばれる領域すべてに当てはまることでもあろう。医師や看護師などの医療関係者、教師、社会福祉活動に従事する者など、そしてさらには、より広くサービス業と呼ばれるものまで、すべてに当てはまるとも言えることである。

ところが、これらの「条件」は、一見誰もにすぐわかるように見えながら、真に理解するには、実に奥の深い概念である。それを「教える」ということになれば、事態はそう簡単でないこともまた、誰もが認めることであろう。

私自身、さまざまな場所でこうした「三条件」などについても「教える」機会を持っている。また、そうした教育の場の現状については、一般の方々よりもよく知っている立場にあるのだが、現在大学などで行われている訓練や教育が十分にその目的に適っているとは、なかなか言えない。というのも、そのほとんどは理論や知識、技術や情報の伝達によってしかなされていないように見受けられるからである。

こうした現状を顧みれば、対人援助者に求められるものを、単に知識や理論や技術ではないもの、あるいはそれらだけでは伝えられない、そして身につけられはしないものとして、改めてより深く考え直す必要があると考えている。

理論や技術が重要なことは言うまでもない。だが、それらは決して援助者の「よくありのままに聞く」能力や、「受容」「共感」「純粋性」などを養い培うものではない。それらはむしろ、知識があればあるほど、マイナスに働くようなことも見られる。とすれば、さらに事態は深刻に捉えられなければならないのである。

受容する心、共感する心

心理療法や対人援助の場において「受容」や「共感」が大切であるという時、それはもっともなことと皆がうなずく。だが、そこで重要なのは、「受容すること」や「共感すること」というより、「受容する心」「共感する心」というべき、人間のある種の「意識」がそこにあるかどうか、ということである。そのような心がなければ、「受容」も「共感」も成し得ないことであろう。

言い換えると、そこに「受容する心」があるならば、「受容すること」は改めてその必要性を述べ立てるまでもなく、おのずとなされるということであり、「受容に努めること」が重要というわけではないということだ。

心理療法や対人援助において大切なのは、この「心」がいかに豊かに身に備わっているか、養われているか、ということであろう。

「受容」「共感」と言葉で言うと、分かったような気になれるものだが、それは実際、容易に身につけられたり、養えるようなものではない。ある人間を「無条件に肯定的に」受け入れるというが、そのようなことを実際、他者に対してしてきたことのある人はいるだろうか、と問いかけてみればよい。いわゆる「聖人」であれば可能としても、普通の人間の仕業としてはなかなか困難なこと。ならば、それがいかに治療という特殊な場であるからといって、そのような「心」をもったことのない人（その「意識」を知らない人）がそう簡単にできるようなものではないのである。

しかし、それらが治療や対人援助に際してきわめて重要ということは誰も異論がないのであるから、難しいとはいえ、少なくともそれに近づく努力を続けることが重要ということになる。「受容」つまり「無条件に肯定的に受け入れる」という態度を、いかにして養い培うことができるのかが、考えられなければならないということである。

2. 援助者に求められること＝「自分に正直になる」

「受容」「共感」については、また後で「思いやり」という言葉を通して述べることにして、その前にロジャーズの「純粋性」という概念に触れておこう。

これは、彼の述べた「自己一致」という概念とほぼ同じものである。クライエントには「本当に経験していること」（「有機体としての経験」）と「自分が経験していること」（「自己概念」）とのギャップがあるという考えに基づき、その一致を治療目標とする考え方だが、これが治療者にとっても必要不可欠な「条件」とされるのである[76]。

ロジャーズのカウンセリング論では、こうした態度が、クライアントのみならず、むしろ治療者側にとって重要なこととして強調され、治療の質は、この治療者の質によって大きく決定されてくるという深い洞察が述べられている。このことは、決して治療者として臨床や対人援助活動に携わる人間だけに当てはまるものでなく、現代に生きる誰にとっても、非常に重要な珠玉の言葉と言ってよいであろう。

これは、一般的な言葉を使うならば、「自分に嘘をつかない」ないし「自分に正直になる」という言葉で表現されるものである。学問的な論述から見るとかなり砕けた言い方になるが、ここでは、「純粋性」や「自己一致」という用語よりも、こうした言葉の方が日常的に理解できる有用性がある（したがって実際の治療場面でも有用）と考え、積極的に使って行きたいと考えている。

この「自分に正直になる」（純粋性）を、各人がその営みに臨む際の最も基本的な心構えと考えるならば、対人援助活動に携わる人間にとっては、特に自覚しておくべき幾つかの要素を引き出すことができるのではないかと考える。

自分に対する気遣い

第一に挙げられるのは、「自分に対する気遣い」である。

どのような職種でも同様だろうが、対人援助という仕事は、そもそも「人のために」行われることである。従って、その「人のために」という思いが強ければ強いほど、そこでは「自分に対する気遣い」が失われやすいということには注意も必要である。

対人援助という活動は、一般に、人に対する気遣いあるいは「思いやり」を必要とするもの、とされている。そうであるなら、そこではまず第一に、自分への気遣い（思いやり）がなければならないと考える。何かを人に与えることができるとすれば、まずそれを自分がもっていなければならないはずだ。自分にないことを人に与えることは誰にもできないからである。

しかし、現代生活の多忙な環境は、注意しないでいればすぐに「自分への気遣い」を忘れてしまいがちである。

何かで非常に忙しくしている時に、急に人から頼みごとをされるような場面を思い浮かべてみてほしい。そのような状況では「思いやり」というものがいかに簡単に失われ（忘れられ）てしまうかは容易に想像できるだろう。

「自分への思いやり」が失われていれば、そこで他者に対する「思いやり」を持つことも困難になる。忙しさに取り巻かれ、「自分自身への思いやり」つまり「自分に対する気遣い」を忘れているならば、その過程はどんどん増幅されてゆくばかりである。

「自分に対する気遣い」とは、自分の心に対してだけでなく、身体に対しても当てはまる。睡眠不足を続けながら良い仕事は、ましてや良い援助はできない。これは、単に体調を整えるということだけを言っているのではない。自分の身体を「傷つける」ようなことはしない、たとえば深酒を繰り返しながら仕事を続けることなどにも気をつけるということである。それは、自分に対して失礼なことをしないということである。

当たり前のことである。が、「人のため」の仕事に携わろうとする人間には、意識しておくべき重要なことであろう。人の心のケア、身体のケアを言う前に、まず自分のケアが先ということだ。自分に対する思いやりをもっていないならば、人に対する思いやりはもてない。自分にないものを人に与えることはできないということである。

気に入られたいという気持ち

援助に携わる人間にとって重要なこととして、第二には、「人に気に入られたいという気持ち」に注意することを挙げておきたい。

人のために役に立つことをして、喜んでもらえるなら、それは誰にとってもうれしいことである。しかし、喜んでもらおうとする気持ちと、気に入られたいという気持ちは、同じものではない。

援助活動においては、それが容易に混同されてしまう可能性がある。その微妙な違いには、行動の中で自覚をもっておく必要があろう。

基本的に、「気に入られたいという気持ち」は自己満足が目的である。心理学的な言葉を使えば、自我中心的な欲求を満たすためのものである。問題は、もしそこに重点が置かれてしまうと、援助活動はいずれうまく行かなくなる可能性が増すことにある。

人に気に入られたいという気持ちは、それが強ければ強いほど、理想的な援助者を演じようとすることになる。しかし、それは自分を飾ることであるから、長期にわたる援助活動の中では、そのような態度は続かなくなって行く。対人援助職に多いといわれる、いわゆる「バーンアウト」に陥る可能性も出てくるであろう。

それは「自分に正直になる」ことから遠ざかることなのである。思いやりとは、人に好かれることではなく、人を好きになることである。

言い訳に注意する

第三には、「言い訳に注意する」ことを挙げよう。言い訳とは、自分を正当化する言動や行動だが、そこにはたいてい「自分に嘘をつく」すなわち「自分に正直になる」とは反対の行動がなされているからである。

言い訳が日常的にもっともよく見られる場面は、約束の時間に遅れたような時である。「電車が遅れた」ことが実際にあったことだとしても、相手を待たせてしまったことは事実なのだから、言い訳に本来は何の意味も存在しない。にもかかわらず、またそこで謝りもせず、言い訳をするような時には、自覚をもっておく必要がある。それは、「自分に嘘をつく」行動だからである。待たせてしまって申し訳ない気持ちがあるからこそ、言い訳という行動が行われているのだから、素直に謝ることが「自分に正直になる」ことである。

言い訳がいけないことだから止めよう、というのではない。言い訳をしたような時には、自分を知る良い機会になるということである。

言い訳は、たいてい瞬間的に、意識されるより一瞬早く、無意識的な反射的行動となって行われることが多い。そして、自分を正当化しようとする手段でもあるため、意識の側からは捉えることが難しい。気がついたら、うそを言って取り繕ってしまったという形になっていることがしばしば見られる。

つまり、本人にはなかなか気づけない形で起こることが多いのだが、このように自分自身のための訓練（心理療法）として自覚しておくならば、気がつける機会も増えてくるはずである。普段の生活のなかで、自分が行う言い訳の行動に注意する意識をもっておくことが意義をもつのである。

対人援助に携わる人間が「自分に正直になる」ことを大切にするための知識には、他にもさまざまなものが挙げられるにちがいない。精神分析の種々の「防衛機制」などは、おそらくロジャーズの考えとともに多くの人が学ぶものであろう。ここでは触れないが、それらについても、クライエントに当てはめて考える前に、まず自分自身を振り返るための重要な知識としてつねに自覚するよう努力することを心がけたい。

3. 治療者・援助者にとっての瞑想の意義

「援助者に求められること」としていくつかの要素を拾い上げてみたが、これらはみなほとんどが、普段の生活においてはあまり意識されないことである。また、文章にわざわざ書くと、わざとらしいような気さえする些細な行動でもある。それらはみな、瞬間のうちにすばやく反射的に、あるいは習慣的になされるがゆえに、意識しようとしてもなかなかできないことなのである。

普段から瞑想の訓練をすることの意義は、ここに認められるにちがいない。第二章で取り上げた精神科医アーサー・ダイクマンの述べた「脱自動化」という概念を思い起こしてほしい。

瞑想には「観察する自己」が訓練されて築き上げられることによって、それまでまったく自動的に無自覚に取られていた反応パターンへの気づきの目がもたらされる作用を認めることができる。

それは「自分に正直になる」ためのすぐれた技術・訓練として捉え直すことができるはずである。これは、誰にとっても重要なことは言うまでもないのだが、治療や対人援助に携わる人間にとっては、特に心しておくべきことである。

そしてさらに、瞑想には、もう一つ、そのための「訓練」として非常に重要な目的をもっていると理解したいことがある。

いまここでの傾聴

「よくありのままに聞くこと」に話を戻して考えてみる。たとえば、あまり経験はないが心理療法の理論や知識をとにかくたくさん勉強してきたことで自信をつけた人がいたとしよう。その人はおそらく、クライエントの話を聞くにつれ、それまで勉強してきたたくさんの知識を総動員して治療に当たろうとするはずである。「受容」や「共感」「傾聴」の大切さはもちろん知識としてよく知っている。

その時、そこには何が起こっているだろうか。治療のマイナスになると思われるたくさんのことが思い浮かぶのだが、それらを一言でいうと、その治療者はもはやその場にいながらも「そこにいない」という事態がもっとも大きなことにちがいない。

理論や知識は言語的思考を活発にする。しかし、言語的思考はその性質上、その場に現在進行形で起こっていることから離れてゆく動きを増すばかりだろう。たくさんの知識や理論が頭に浮かんで思考や想像の世界が次々に膨らんでいくならば、そこで話を聞いているという実際に起こっているその場の体験への意識が薄れていく。

その人は「いまそこにいなくなる」のである。これは「よくありのままに聞くこと」からどんどん遠ざかっているという事態であろう。この意味で「よくありのままに聞くこと」とは「いまここにいる」という体験を重視することなのである。

規則的な呼吸に注意を向けながら、自分の注意がどこに向いているのかを「観る」という訓練を繰り返し行うのが瞑想である。すなわち瞑想とは、「いまここにいる」ための方法なのである。

思考や想像の世界を膨らませて「そこにいなくなる」のではなく、つねに「いまここ」を意識して「自分にいる」ための方法が瞑想である。したがって、心理療法家や対人援助者にとっての瞑想は、その仕事にもっとも重要となる「よくありのままに聞く」ための訓練を提供するものになると考えられる。

フロイトの「平等に漂《ただよ》える注意」

近代心理療法の創始者であるフロイトは、治療者のための訓練が重要なことを十分よく知っていた。

彼が訓練として挙げたのは、「平等に漂える注意」という一種の傾聴のための態度であった。だが、このことは後の心理療法家たちにはあまり重視されることなく、まさに理論や技術ばかりが伝えられてきたように思われる。

フロイトは、後の精神分析家たちに繰り返しこう勧告していたのである。「判断を・・・停止し、観察すべきすべてのものに対して片寄らない注意を・・・向ける」[44]ようにと。

そのような態度を崩さず、自分の心的内容に関心を持ち続けながら、それでも患者の話に耳を傾けること、これはまさに瞑想であろう。

それは、東洋の仏教者たちによって数千年の間実践され続けてきた瞑想という注意の姿勢なのである。フロイトはそのことをまったく知らずに、たった一人でそのような態度を発見し、修得した人物だったと考えられる。

フロイトは、それを精神分析に携わる医師の規範とさえ考え、次のようにその態度を述べている。「医師は自らの注意の能力への意識的な影響をすべて差し止め、自らを自身の『無意識的記憶』に委ねなければならない。または純粋に技法としていうと、医師は単に耳を傾けるべきで、何かを覚えているかには煩わされるべきではない」[45]。

しかし、フロイトのこのような主張は、後に引き継がれることはなく、顧みられることもほとんどないままだった。現代でも同じであろうが、そのような注意をもった意識の状態があるということ自体なかなか理解できるものではない。ましてやそれをフロイトの忠告だけから汲み取り、実際に行うのは、かなり難しいことだからである。

フロイトの勧めを実現させようと苦闘している人たちもいたようだが、主流の精神分析家たちからは「ただ自らの無意識の中に漂っているだけで、ほとんど何も作業をしていない」(43)という否定的評価がなされただけであった(81)。

このように振り返ってみると、現代の心理療法の基礎を築いた精神分析が、その出発点において瞑想とほとんど同様の意識的状態を重視していたという点については、もっと注目されるべきであろうと考える。

心理療法における瞑想の意義は、すでにその創始者であるフロイトによって、そのもっとも重要な点が発見され、よく認識されていたのである。フロイトは、治療者にとっての瞑想の必要性を強く主張していたと考えても大きな間違いはないであろう。瞑想は、こうした意味においても、将来の心理療法にとって、不可欠と言うべきほど重要なものになるのではないだろうか。それはまた、広く対人援助に携わる人間にとって大きな意義があると考えられる。現代の研究や応用は、おそらくその時をめざして、いま重要な知見を少しずつ積み重ねているのである。

4. 思いやりという意識状態

心理療法や対人援助に携わるには、「いまここにいること」以前に、なぜその職業につこうとしたのかという「初心」を、つねに大切に心に留めておくことが重要なはずである。ここでは、対人援助を目指す人々にとってのこの「初心」という重要な心を、その人の中にある「思いやり」の意識を指すものと捉え、あえて「思いやり」という言葉を積極的に引き上げて考えてみたいと思っている。

先に「受容する心」「共感する心」という言い方で、人間のある種の「意識」がそこにあるかどうか、それを養うことが重要になると述べたが、この「意識」を理解するためにも、やはり「思いやり」という言葉が端的にそれをうまく言い表す用語として、活かして考えてゆくことが有用であると考える。

この「思いやり」もまた、学術的な用語としてはあまり使われてこなかったものである。というのも、それは目に見えない、つまり計測できないものであり、それゆえ、心理学という専門領域とされる分野においても、ほとんど語られることなく「敬遠されて」きたからだ。

「思いやり」に関する心理学的研究がない、というわけではない。現代心理学のアプローチからは、それが現れた「行動」に注目しながら「思いやり（行動・意識）」に取り組むすぐれた研究も数々存在している。だが、やはり「思いやり」に関しては、それに「行動」を通してアプローチしようとする態度自体に限界があると考える。

なぜなら、「思いやり」とは単純に「行動」ではないからである。それはまた「感情」でも「気分」でも「思考」でもないだろう。それは人間の一種の「意識」のあり方を呼ぶものであって、あえて言えば「意識状態」という言葉が適切かもしれない。たとえば、財をなした人がチャリティで多額の寄付をする「行動」には「思いやり」があるかもしれないし、まったくないかもしれない。道端で困った表情をして立ちすくんだ人を見て声をかける「行動」に「思いやり」はあるのかもしれないが、やはり、ないかもしれないだろう。「行動」から思いやりを知ることは困難である。

また、「思いやり」は時によって強くなったり弱くなったりする、という言い方もできるように思える。

地震などの大災害の様子を知って、あるいは飢餓に苦しむ子供たちがいることを知って、何かできることはないか、助けることはできないか、と思った時、そこには「思いやり」の意識が強くせりあがっていると言うことができるはずだ。

しかし、忙しい仕事に追われているうちに、その意識はいとも簡単にすっかり忘れ去られてしまう。「思いやり」は人間誰もが持っている意識だが、その意識は置かれた状況によって変わってくるとも言えるかもしれない。

「思いやり」は、その意味で私たちの「無意識的」な意識状態である。心理療法や対人援助に携わる者にとって「思いやり」が重要であるならば、その無意識にあるものを意識化しておく作業、そしてその意識をよく感じ取っておく時間をより多くもつことが、思いやりを養うことにつながると考えることができる。ならば、その意識状態を大切にする努力が重要な訓練になるであろう。そのような機会や時間をできるだけ多く持つことが、日々の活動に役に立つと考えられる。ではそのためにはどのような方法があるだろうか。

5. 思いやりを養うZEN

つらく苦しい経験をして、その苦しみから逃れたい、何とか楽になりたいという気持ちを知らない人はいない。程度はさまざまにちがいないが、自分自身の苦しみの体験があれば、そこには（自分への）「思いやり」が生まれているだろう。

思いやりという言葉は、他者に対する気持ちを言い表す時に使われることが多いが、その意識の元になるものが、自分自身に対する思いやりである。その意味で、思いやりの意識は誰もが知っている。

問題は、いかにしてそれを大切にするかということだ。自ら進んでつらい経験をしたいという人はいないだろうが、対人援助者にとってその経験、つまり「受容する心」

や「共感する心」をもつことは不可欠なことであるのなら、それを引き出して養うための有意義な訓練というものを考える必要がある。

話が少々それるが、近年の心理学的研究には、青少年の「思いやり意識」が、とくに日本の若者の場合、非常に衰退しているという深刻な結果が示されたものがあり(70)、今後私たち日本人すべてが深刻に受け止めねばならない重大な問題提起もなされている。

多くの研究に示されているように、思いやり意識というものは、生まれながらにして身についているものではなく、生まれてから後の経験によって獲得されると考えられているから、いま挙げた研究などでは、そこに「学校教育」の果たす役割が大きな比重を占めると指摘され、その変化の必要性が強く叫ばれているのである。

ただ、いかに思いやりが希薄になっているからとは言え、それは果たして学校で教えてもらうものだろうか？　また教えられるものなのだろうか？　という疑問も自然に沸き起こるように思う。この問題は、決して青少年の問題ではなく、大人を含め社会・文化全体の問題でもあるのだから、根本的にはやはり思いやりに関わるその国の（精神）文化に変化がもたらされることを期待しなければならない。

私もこれまではずっとそのように考えてきた。しかし、ただ単にそう言ってばかりいても何もはじまらない。小さな努力であっても、それぞれの人が、そこでできることからはじめてみることが必要であろう。

必ずしも「学校教育」に限らないが、ここでは、思いやりを養い培うための教育というものをもう少し積極的に考えてみたいと思っている。それは、治療や対人援助に携わる人間の教育にとっては、特別の意義を持っているのだから。

ここではZENないし瞑想が、この教育に役立てられる可能性を積極的に探ってみたい。というのも、このような考え方に立って瞑想の実践を行う試みは、この時代ゆえの同じ問題意識に立って、すでに西洋諸国でも数々見られるようになってきているからである。

イメージのもつ力

レモンを丸かじりするのを想像すると、酸味とともに唾液が出てくる。このようにさらりと文章を読むと実感は出てこないだろうが、実際に少し時間を取って、その場面の具体的イメージをありありと思い浮かべてみれば、現実に身体が反応することは、誰もが知っていることである。

イメージの想像力は、この卑近な例にあるように、実際の身体活動にも、決して小さくはない影響力を秘めている。近年の心理療法には、この点に注目して、その作用をより積極的に活用しようとするものも数々現れている。

イメージを活用しようとした治療法は、古代ギリシャの神殿治療などにもあるように、人類最古の伝統的治療法とも言えるものだが、近代的な心理療法の流れのなかでは、ユングの「能動的想像」が先駆的なものであり、その他、現代の種々の「イメージ療法」には、瞑想との多くの接点を見出すことができる[16]。

瞑想でイメージがどう扱われるかは、数々ある瞑想の伝統によって異なっているが、たとえばチベット仏教に伝わる瞑想の伝統のなかでは、イメージやヴィジョンを積極的に用いる技法が数多く存在している[65]。また中国の道教的文化に根付いてきた伝統などでは、古くから病いの治療を目的にして、瞑想のなかでイメージを活用する「観想法」がさまざまに使われてきている。中国の古典的テキストなどを紐解いてみれば、そうした病いの治療法は膨大な数にのぼる。

そして現代では、近代的医療が無力と考えられるような癌の治療などにも「イメージ療法」的なアプローチが行われたり[90][91]、古代から伝承されてきたイメージのもつすぐれた能力に注目する試みも行われるようになってきている[1]。これらには「ヴィジュアライゼーション（視覚化）」という言葉でその特徴を言い表した表現も用いられるが、現在の西洋社会では、それらの総称として瞑想という用語が広く実際によく使われている。

坐禅の場合は、瞑想のなかで現れてくるイメージに意味が与えられることはないのだが、わが国の臨済禅の高僧・白隠が、病いの治療法として「内観の法」や「軟酥〔なんそ〕の法」という一種のイメージ療法を勧めていたことはよく知られている。瞑想中のイメージが人間の歴史のなかでさまざまに病いの治療に応用されてきたということは、決して軽視されるべきではないだろう。

こうした考えに立って、瞑想とイメージ療法との接点などにも注目しながら、数々の古典的方法が現代の新たな目で再発掘されていくという流れは、今後もますます高まってゆくように思われる。

ここでは、その一助とも考え、近年注目を集めるようになってきた「フォーカシング」という方法を、イメージ療法という角度から捉え、一つの例として見てみよう。

フォーカシングと体験過程

「フォーカシング」とは、ロジャーズ派の流れを汲むジェンドリン(46)によって提唱された新しい心理療法の技法であり、近年では、わが国の臨床心理学の実践にも盛んに導入されるようになってきた。

ジェンドリンによれば、人間は環境との相互作用のなかでつねに変化する「過程」を生きているが、それは言語化や象徴化がなされる以前の、直接身体に感じられる経験である。私たちは瞬間瞬間にそうした絶えざる感情や経験の流れを体験しつつあると考えることができる。

彼はこの過程を「体験過程（experiencing）」と名づけ、この「体験過程」が、たとえその意味や内容が明確につかめないものであっても、ある感じ（「フェルトセンス（felt sense）」と呼ばれる）として意識することができることに注目したのである。

「フォーカシング」とは、このいわば言葉以前にある「感じ」あるいは「体験過程」そのものに意識の焦点を合わせ、たとえ漠としたものであってもそこに沸き上がる独特の感覚を身体で感じとりつつ、それを言い当てる適切な言葉やイメージを探すことを通して「体験的に意識化」しようとする方法である。

これは自分の内面に注意を向ける技法であればおそらく、その焦点の向け方によって必ずそこに生じていることを捉えられる過程にちがいない。たとえば、「自律訓練法」など、身体の感覚にとくに注意を向けることが強調される技法を考えると、そのなかでほんの少し視点をシフトさせてみれば、「フォーカシング」において主張されるものと同じ感覚に焦点を当てることができる。

これは瞑想を行った場合でも同様と考えられるし、瞑想を現代的観点から「注意の意識的訓練法」と定義する立場[6]に立てば、「フォーカシング」や「自律訓練法」も一種の瞑想であるという捉え方もできるのではないかと思う。

ジェンドリンの「フォーカシング」や「体験過程」の考え方を推し進め、今後こうした角度からの理解が深められていくならば、世界中で伝統的に行われてきた数々の瞑想法には、心理療法的に見てすぐれた要素が無尽蔵に眠っているとも考えられ、その有効な応用がさまざまに考えられるであろう。

チベットの瞑想

このような「現代的視点」から世界中にある瞑想を眺めてみると、チベット仏教に伝えられてきた瞑想には、「思いやり」を養い培うための方法としてさまざまな具体的イメージが駆使されている姿が認められる。

チベットの瞑想法には、数多くの方法が存在するため、それをひとまとめに論じるのは難しいのだが、身近な人々を具体的にイメージとして思い描き、そこから始まって、さらに世界中の人々へとイメージを広げたり、それらの人々に向かって具体的に

「愛を注いでゆく」、また「あらゆる存在が苦しみから自由になり、幸福であるように」祈ること、さらには「慈悲（思いやり）」の象徴である「観世音菩薩」を思い浮かべるなど、様々な具体的イメージが使われるのである（より具体的な詳細については、補遺章に一例としてまとめたものがあるので、興味をもたれた方は参照して頂きたい）。

現代社会は、いまこの地球上で起こっている出来事が瞬時に伝えられる高度情報化社会である。いまこの瞬間に、戦争で命を落としている人がいること、テロで悲惨な不幸に見舞われている人々がいること、飢餓で死んで行く子供たちがいること、そして深刻な環境破壊が進行中であること、それらはみな誰もがよく「知っている」ことであろう。

それらをニュース報道で知る時、そこに「思いやり」の「意識状態」は沸き起こっているのではないだろうか。私たちは、それが商品広告によってぶつ切りにされ、また多忙な仕事で注意を拡散され、即座に単なる情報にしか過ぎなくなってゆくことも、また、悲しいほどによく知っているのだが、そこでしばし時間を取ってみることはできるであろう。

その時、「あらゆる存在が苦しみから自由になり、幸福であるように」というような具体的メッセージは、決して（ある）「宗教」の信念にのっとった信仰の言葉ではなく、自分のなかに沸き起こっているもの（自分の気持ち）として認められるのではないだろうか。その気持ち（意識状態）が、「自分の中にある」ことは、「教え」や「信念」として尊守されるべきものではなく、誰もが知っていることなのである。

その具体的イメージは、静かに瞑想の時間の中で思い浮かべられることによって、引き出され、確認される。そして実際に「思いやり」を、そして深い「慈《いつく》しみ」を知る強力な力があることが体験できるはずである。

思いやりを養い培う方法

このように考えるならば、思いやりを養い培うための瞑想的な方法が、いろいろと考えられるであろう。

たとえば、病いに苦しむ人に接する具体的イメージを思い浮かべる、あるいは自分自身が病いの床に伏しているイメージをありありと想像してみることなども有用に活用できるにちがいない。また、自分の死というものを、より現実的に思い浮かべてみることなどは、自分自身に対する思いやりを浮き上がらせる方法になるだろうし、それを他者への思いやりにつなげることも有用な方法になると思う。

私は現在、大学で将来社会福祉の領域に進もうとする学生たちと時間を過ごすことが多くなったこともあり、精神科医としての治療や心理療法の仕事とともに、学生たちとこうした「イメージ療法として思いやりを培う方法」なども試験的に行うようになった。

対人援助に携わる仕事という点で、社会福祉の仕事も、医師や看護師、教師などの仕事と異なることはない。むしろ社会福祉という活動であるからこそ、思いやりというものを真に深く大切に感じることが重要であろうと考えている。

ここでは、アメリカの心理学者が「思いやりを養うための方法」として実際に行っている瞑想の方法を、一つだけ参考までに紹介しておこう（抜粋）。ただ読み進むだけでなく、できる限り時間をかけて、静かに味わっていただきたい。最近では、実際に教育の場面でこうした方法が試みられているのである[60]。

(1) 自分の死を見つめる瞑想

今日、今年、数年後など、将来のある時点、自分が死を迎えることを想像してみて下さい。出来る限り具体的にその状況を思い浮かべるようにします。何があなたの命を奪おうとしているのでしょうか。人生で出会った人々と最後の時間を過ごすその時を想像してみて下さい。出会った人やモノ――家、大切な持ち物、愛した人々、あなたの名前、身体、顔――それらにさようならを言うことを想像して下さい。あなたはその最後の瞬間、どのように感じているでしょうか。そして、その状況にある自分の視点から自分自身に問いかけてみて下さい。あなたの人生で本当に重要なものは何かと。

(2) 置き時計などを近くのテーブルに置きます。そのチクタクという音の一つひとつごとに、あなたは死に近づいて行きます。残された時間はもう少ししかありません。手のひらにすくい取った水が指からこぼれ落ち、なくなって行くように。そして本当に重要なことは何か、自分に問いかけながら、一秒が過ぎゆくたび、深く深く魂の底に沈み込んで行きます。もし注意がさまよい出して他のことを考えはじめたら、再び注意を時計の音に戻して下さい。あなたの命がいま静かに去ろうとしています。自分で決めたその時間がきたなら、しっかりとその残りの時間に留まって時を過ごして下さい。

(3) しばらくの時間を使って、あなたが出会った人、ケアをした人、愛した人々が死んでゆくことを想像してみて下さい。できる限り素直になって、いまあなたがそれらの人々に感じていることを味わって下さい。何か避けようとしている感情はないでしょうか？　あなたの信頼している人にいまの気持ちを話していることを想像して下さい。それらの人々があなたの人生にどのような役割をもっていたのか考えてみて下さい。そして最後に、それらの死にゆく人々に、深い思いやりの気持ちと愛をもって接してみて下さい。それらの人々に最大の愛情を向けるよう努めて下さい。

(4) どんな人もいつ死を迎えるのかについては分からないというシンプルな事実を思い起こして下さい。若い人もお年寄りも、いつ死ぬかは誰にも分からないことを。心臓発病気の人だけでなく、健康な人であっても、突然亡くなることがあります。心臓発作、事故、殺人など、突然に命を奪われる多くの出来事があることを思い起こして下さい。そして、あなたの身近にいる一人の人のことを考えてみて下さい。その人も、突然命を失うようなことだって起こり得るものです。今日ということだってあり得るのです。もしその人が亡くなったら、あなたはどんな気持ちになるかを想像してみて下さい。どんなふうに悲しいでしょう？　やり残したことはなかったでしょうか？　その人への愛情を、その人の貴重さを、最大限に自分の中で膨らませて下さい。

このような「イメージ療法」ないし「ガイド瞑想」の方法は、さまざまに想像して作り出し、有意義に役立てることができるにちがいない。実際に瞑想的な時間を取って、こうしたイメージを具体的に想像してみると、自分自身の体験としても、学生たちからの感想でも、瞑想が思いやりの心（意識状態）を引き出すパワフルな力をもっていることが認められる。さまざまなイメージを使って訓練を続けてゆくことで、そうした意識を深め養うことができることも確かであると感じている。

そして、そのような意識状態が備わったところでは、他者や世界に対する見方にも変化が起こってくることを感じ取ることができる。思いやりの「意識状態」を通して世界を見る時、他者への視点や他者に対する態度も自ずと変わってくるのである。

その意識が最終的に行き着く最も深い地点には、「祈り」という意識のあり方があるにちがいない。瞑想を成り立たせてきた仏教というものの本質は、正しくそこにあるように思われる。それは本来「祈り」としてなされるものなのだ。祈りという行為は、瞑想という実践を通して人々の思いやりを深めるものとなる。その思いやり（慈しみ）の意識を通して物事を見ることが、幸せと呼ばれるものにちがいない。

禅の誓い

禅の実践においても、しばしば唱えられる「経文」があるが、それを唱える行為が具体的に想像力を活性化するものと捉える、ここでの考え方を当てはめてみるなら、やはりそこに「思いやり」を深めるための具体的方法の実践があると考えることができるだろう。それは、必ずしも宗教を信じることにつなげる必要はないものである。最も重要なものの一つとされる「四弘誓願《しぐせいがん》」を取り上げてみよう。瞑想は、このような「誓い」を抱いて、「思いやり」や「慈しみ」を深く培っていくための「祈りの文化」が伝承してきた「技術」なのである。

衆生無辺誓願度《しゅじょうむへんせいがんど》：衆生の数は無限であろうとも、必ず一切を救おうと誓願する。
煩悩無尽誓願断《ぼんのうむじんせいがんだん》：煩悩の数は無数であろうとも、必ずすべてを断ち切ろうと誓願する。
法門無量誓願学《ほうもんむりょうせいがんがく》：仏陀の教えは無尽であろうとも、必ず学び尽くそうと誓願する。
仏道無上誓願成《ぶつどうむじょうせいがんじょう》：仏教の道は無常であろうとも、必ず成就しようと誓願する。

禅はこの誓いを携えながら伝えられてきた（精神）文化である。それは現代においても決して失われることなく、多くの人々によって大切に守り続けられ、より多くの人々がその精神に「気づく」日を待ちながら存在し続けている。

私は幸いにも、禅の長き伝統に立つ大学に籍を置かせていただいているため、学生たちがボランティア活動などに携わる時などには、それを「ZENボランティア」と名づけ、瞑想の時を大切に共有する試みなども行うようになった。そうした実践は、私にとって、決して「宗教」ではなく、「イメージ療法」という「自分（たち）のための心理療法」なのである。

禅に限ったことではないが、現代に「思いやり」を回復させるには、このような「慈しみの文化」「祈りの文化」を新たな目で再評価することによって——ただ信じる（信仰する）というのではなく、知的にも十分納得できる形で取り入れることによって、その大切な価値を私たち一人ひとりの失われた心の領域に取り戻すことが求められているのではないだろうか。

ここに述べてきた学生たちとの幾つかの試みについては、機会が得られれば、いつか他所でまとめて述べてみたいと思っている。

6. 思いやりの文化をいかに回復できるか

思いやりの意識を瞑想によって引き出すという教育的な方法について、考えられることを述べてきたのだが、やはり「思いやり」は、文化として暗黙のうちに身に付けられるものであるから、根本的には、それに関わるその国の（精神）文化全体の変化が求められているにちがいない。

現代社会において一国の文化に影響を与えるものとしては、現在急速に進行しつつある「グローバリゼーション」の波が、その最も大きなものとして見落とせない。これはもはやその是非を問う間もなく早いスピードで、まさに否応なく押し寄せてくる変化である。それは、教育も含め一国の文化をも飲み込んで変容させてしまう力も持っている。

「グローバリゼーション」が直接「思いやり意識」を高めるというわけではないが、それが、より広い世界的視野をもった人々を増やしていく動きにつながるとすれば、そこにある「思いやり」にかかわる重要な要素には、積極的に目を向けてみたい。というのも、現在世界規模で進行しつつある動きには、心理学的にとりわけ引き上げて認識されるべき肯定的側面が数々見られるからである。

密かに忍び寄る個人個人の疎外感が広がり、科学主義・合理主義の進展の影で失われてきた内面への目が向けられ始めた「心の時代」。「モノの豊かさ」よりも「心の豊かさ」の重要性を意識する現代人は、「自己実現」や「自己覚知」を求める欲求を確実に自覚しはじめている。

その脇腹には環境問題や難民・飢餓、そして戦争、テロの恐怖などの難問が常に鋭い刃を差し向けているが、私たちはその重い痛み・苦しみの経験ゆえに、「悲しみの共同体」としての意識を深めつつ、個人性を超えたより広い自覚への勇気を育て始めている。こうした世界的視野に立って見えてくる現代的問題は、すべて「思いやり」と深くつながっていることであろう。

そうした意識は、この現代の社会全体に広がってゆく世界的規模の「（精神）文化」ではないだろうか。特に、現在起こっている環境破壊の様相に目を向ければ、それらはみな、この地球上に暮らす種のたったの一つに過ぎない人類という存在の仕業であることが深く意識される。目に見える地球の「症状」は、すべて私たちの生き方が作り上げた一種の「生活習慣病」の症状であり、それは私たち一人ひとりが共同で作り上げているものなのである。

そこに見えているのは、自分（たち）の姿そのものである。それが痛みを叫び、苦しみの声をあげているのだ。その声に真摯に耳を傾ける、すなわち「自分に正直」にあろうとするなら、「私」というアイデンティティは、この皮膚に閉じられた存在に限定されるものではない。地球（宇宙）こそが私であり、「自己」であるという言葉は、単なる比喩以上の意味をもっていることは明白である。

こうした「自己」(の感覚)が広がり深まるならば、そこに「慈しみ」や「思いやり」の姿勢が自然に生まれてくる。原生自然を守ることも、自分を守ることと同じになり、まさにそう感じられるからだ。テロや戦争や飢餓の問題は、如何ともし難い無力感を感じるばかりではあるが、それらを知って沸き起こる意識の中から、思いやりにつながる要素を忘れず、しっかりとつなぎとめていたい。

環境問題や地球の現状に深く目を向ける時、そこには自分の中から「思いやり」や「慈しみ」の心が沸き起こってくる。環境問題(地球)はいま、あたかも教師や心理療法家のような役割をもって、私たちに強く反省を促し、私たち一人ひとりが、より深い「思いやり」に気づくよう導いてくれている。

この大きな時代の流れの中で、私たち一人ひとりの心の中に鋭敏な感性が浮上してきている。その感性は、現代に「思いやり」を回復させる力として、貴重な与えられた使命をもっているにちがいない。

7. 対人援助を通しての学び

思いやりを養い培うための訓練には、まず、自分の態度をよく見つめ、自分の世界、自分の仕事、そして自分自身に対して取っている自分のアプローチに気づくこと、そしてその姿勢を、いまできる限りの力で持つよう心がけることが重要である。

そのためには、孤独と静寂の時間、つまり静かに自分自身を見つめ直す時間を取ることが非常に大切になる。

そのことによって、「自分にとって正しい（正直）」と感じる反応を次第に導き出せるようになるからであり、そこに生まれてくる姿勢が、これまでの自分の態度に少しずつ変化を与えるものになるからだ。

その訓練は長い年月を経て、いつか私たちの態度に大きな変化をもたらしてくれるにちがいない。なぜなら、その訓練つまり瞑想とは、自分のしていることすべてに対して、「学ぶ者」としての態度を自覚することにつながるものだからである。そこでは、あらゆる経験が、世界や他者そして私たち自身について学ぶための何かを秘めた源泉として立ち現れてくる。そして私たちは何事に対しても学ぶ姿勢を持ち、そこから、成長したいという気持ちを強くもつようになるのである。

奉仕と気づき

人間は、つらい経験や痛みに遭遇してこそ、強く成長してゆく存在である。何事もない日常生活のなかでは、自分自身との出会いはなかなか認識されないが、強烈な感情であるからこそ、出会いは深く刻み込まれる。ただし、あまりにも強烈な感情との出会いは、それらに圧倒され、巻き込まれ、自分を見失ってしまうことにもつながることには、普段から注意しておくことが必要になるであろう。

このように捉え、改めて瞑想訓練の意味を考えてみると、それは、自分から逃げることなく、そして自分を見失うことなく、自分との出会いに対して、常に繊細で敏感な感性を磨いていくことである。その時、そこで出会う経験は、すべてが「学び」となり、自分の成長に栄養を与えてくれるものとして目の前に現れてくるのである。

一度このような態度がうまく用いられるようになって行けば、他の人々や私たちの経験のすべてが、ある種のフィードバックをもつようになる。もし事がうまく運んだなら、私たちはなぜそうなったのかを学び、より深くものごとを探求するようになるだろう。また、もし間違いを起こしたなら（おそらく何度もそうなるだろう。それは人間であることの一部なのだから）、そこでもまた同じことがもっとより意識に明確な形で学び取られるにちがいない。このような見方を身につけていれば、後悔したり、他者を責めたりする必要はどこにもなくなる。そんなことからは何も学ぶことはないことがわかるからである。

ゆっくりと自分のしているすべてのことに対して、もっと繊細な感受性と認識がもたらされるように学んでゆく。学びが進んでゆけば、自分を限界づけている誤った信念や知覚、行動、そして自分が貢献することのできる能力などにも少しずつ気づくようになるはずだ。それらをしっかりと認識できれば、私たちはそこから多くのことを学ぶ。そして、不必要なことや意味のないことは、やめることもできるだろう。もし自分自身のなかに、自分を含めて人を非難したり攻撃したりしている部分を見つけたならば、そこに自分の怒りの原因を見つけ出し、それが支払っている代償に気づき、それらから学ぶことができるかもしれない。

こうして私たちが心のなかに「気づき」を持てば持つほど、すべてのことが学ぶべきものとして姿を現すようになってゆく。目の前に現れる人やものごとすべてが、教師となり、教えてくれるものになるのである。そして私たちはさらにより深く「学ぶ者」としての自覚を持って、何事に対してもより謙虚な態度を身につけ行動してゆくようになるだろう。経験していること、行っていることはすべて、どんなことであれ、自分の理解を深めてゆく手段になるのである。

偉大な人々の教え

心理学的に健康な人々は、とくに他者への援助活動に関心をもつ傾向があることが、多くの研究によっても示唆されている[18][49][63][64][100][103]。他者の援助や福祉活動には、健康な動機からその人の中に育ってきた「思いやり」を、有意義に活かせる掛け替えのない場があるからである。

また意識してはいなくとも、それらによって「自己覚知」や「気づき」が深められることが直観的に知られているからでもあろう。

私たちが自分たちの仕事に対して、そこから学びそこから成長できるような、そうしたアプローチをすることができれば、それは大いに意味のあることになる。これはすぐれた精神文化を築き上げてきたインドの偉大な伝統では、「カルマヨーガ」として数千年の昔から大切な教えとして知られてきたものでもある。そこでは、奉仕と労働は、「学び」そして「気づき（覚醒）」のための好機として捉えられている。

人々を助けその苦悩を減らす営みに携わることは、気づきを与えてもらえる絶好の機会であり、そこから学ぶことが自分の成長にも大いにつながってくることが、古来から知られ、実践されてきたのである。ここでは、「奉仕する者」は「学ぶ者」であり、「学ぶ者」は「貢献する者」へと姿を変える。私たちはすべてのことに対して、奉仕する者でありながら、奉仕される者、生徒でありながら、教師になるのである。

「世界の教師」と呼ばれたガンジーは、「あなたが村人たちのためにできる限りの力を尽くしているのは、真に人道主義的立場からなさっているのですか」と友人に聞かれて、こう答えている。「私がここにいるのは、他の誰のためでもなく私自身のためです。私は村人たちへの奉仕を通して、自分自身の自己実現を探しているのです」[30]。

二十世紀に生きた最も美しい女性マザー・テレサは、どこへ行っても同じようにいつもこう語っていた。

「貧しい人は、偉大な人、愛すべき人たちです。私は、貧しい人たちにものを恵んだり、貧しい人たちを助けているのではないのです。私は貧しい人から、主の音信を受けているのです。この喜びを伝えたい。分かち合いたいのです」[96]（第一回アジア宗教者平和会議閉会式、一九七六）。

「気高い」と形容するしかない優れた人格的成長を遂げた多くの偉大な先人たちの生き方を知ると、そこにはもはや自分と他人、自分と社会、自分と世界、豊かな人と貧しい人、学ぶ者と教える者、奉仕する者と奉仕される者などといった区別が消え失せていることがわかる。深く自分を知っている人、すなわち「自己実現」に限りなく近づき、「自己覚知」を究めてきた人々は、みな「個人性を超えた意識」に立って、人にも物事にも接していると言うことができる。

それは私たちにも不可能なことでは決してない。先人たちが身をもって教えてくれていることは、少しでもその目標に近づこうと努力する生き方の中に、人間がもつ本来の美しい姿があるということであり、人間には、そのような気高い本性が備わっているということである。

気づき（自己覚知）がさらに深まり、心理学的理解が大きくなればなるほど、私たちの現代的危機をもたらしている沢山の心理学的要因は、現在広く受け入れられ共有されている文化的信念や価値や行動から生じてきているということが、もっとよく理解できるようになるだろう。自分を作り上げている考えや行動がどこからきたものかに気づき、それを深く知ること、それは自分自身を解放することである。その時、私はもう個人でありながら個人ではない。

天才的業績を残したアルバート・アインシュタインは、次のような美しい言葉を残している。

人間は、われわれが「宇宙」と呼ぶ全体の一部、時間と空間によって限定された一部である。人は、自分自身、自分の思考、自分の感情を、他から分離したものとして、つまりある種の意識の視覚的妄想として体験している。この妄想は、われわれにとって一種の牢獄のようなもので、われわれを個人的欲望やもっとも身近な数少ない人たちに対する愛情に限定してしまう。われわれの課題は、愛情の輪を広げ、この牢獄から自分自身を解放し、生きとし生けるもの、そして自然全体を、その美のなかで抱きしめることである〔拙訳〕[38]。

いまこの時代に私たちに求められていること、そしてこの時代にあって私たちが目指すこと、それは「個人性を超えた《トランスパーソナル》意識」で世界にかかわることであろう。幸せを求めてなされる現代の探求は、数々の偉大な先人たちによって切り開かれた道を辿りながら、その目標を目指して歩む多くの人々によって足元を踏み固められ、すでに確かな方向性が示されているように思われる。

8．ZENの道

本章では、「自分に正直になる」という言葉を各所で使ってきた。実はこの言葉は、仏教の、すなわちブッダの「八正道」をも意識して述べてみたものである。「自分に正直に」生きたその模範となるものが、ブッダという人間の生き方であろう。

ZEN心理療法というものは、その根底で「禅の思想」と呼ばれるものに支えられるものである、とするなら、それは、ブッダという実在した一人の人間の優れた考え方に学び――それを信じるのではなく、重視するものと言うことができる。

それは「仏教」という「宗教」だという人がおられるだろうが、これまで本書を読み進んで下さった方には、もう「宗教」という用語をあえて使う必要のないことを理解していただけたであろう。一旦そうした立場に立って、そこから仏教という偉大な伝統を見つめる眼をもつことが私たちにいま切実に求められていることではないか、と考えている。

ブッダは自らの命をかけた深い思索の中から、人間の生き方には「正しい道」があると人々に語った。「四諦八正道」として知られるその教えが、仏教、すなわちブッダの考えの根幹をなすものである。

生老病死という「四つの苦しみ」（四諦）に苛まれているのが人間のあり方だが、それを乗り越えてゆく道がある。その実践が「八つの正しい道」（八正道）である。

「正直」とは「正しく真っ直ぐ」道を歩むこと。ブッダの八正道は、「自分に正直に生きる方法」と考えてもよいはずである。それは「自己覚知」（この言葉については次章で詳しく述べる）を大切にする生き方であり、その「自己覚知」の積み重ねと継続が「己事究明」と呼ばれる「禅」の道である。

ブッダの八正道は、世界観や考え方、言葉・行動・生活・生き方・心がけなどについて「正しい」あり方を示したものだから、その「教え」を守らねばならないと考えると「戒律」というものにつながる。戒律には沢山のものがあり、中でも「生命を殺さない」「他人のものを盗まない」「嘘をつかない」「（淫らな）性的行為をしない」「（むやみに）飲酒をしない」という五つが「五戒」としてよく知られているものである。

しかし、ブッダの時代に生きた多くの民衆とは違い、現代の教育を受け、合理的精神を十分に身につけた人間にとってそれらは、必ずしも盲目的に「ねばならない」と受け取る必要はないものであろう。実際、ブッダ自身これらを誰にでも同じく教条的に説いたわけではないことが知られている。いまの時代では、それらの意味を現代的知性に照らしてしっかりと判断することの方がむしろ重要ではないだろうか。

戒律という「教え」を否定するのではなく、現代における戒律の意味を、次のように考えたい。それらは、自分のライフスタイルや社会的行動、自分の知覚や認識のあり方に、反省の目をもつきっかけを与えてくれるものであって、毎日の習慣、仕事、遊び、食事、睡眠など、何気なく行われている行動に自覚をもって接する（自己覚知の）態度を与えてくれるものだと。戒律に照らして日常生活における自分の行動への注意が配られるなら、その時々に内面への反省がなされる。そしてそのことによって、自分自身に対してのより進んだ自覚が培われることにつながるからである。

そして、八正道の一番最後に、正定《しょうじょう》として「瞑想」の実践が挙げられるのである。定とは意《こころ》を定め静める正しい精神統一のことであり、これが「禅定《ぜんじょう》dyana」とも言われる。「禅」という言葉は、この「ディヤーナ」という言葉に由来するものである。

ZEN心理療法は、クライエントの治療にとってだけでなく、むしろ治療そして援助に携わる者にとっての自覚を促すことに大きな意義をもっているのかもしれない。それは、ブッダが述べた人間の「道」を基礎に置き、ロジャーズが強調した、そしてまたフロイトが大切に伝えようとした治療の心（初心）に、新たな光を照らそうとする現代の心理療法なのである。

第四章

自己成長に役立てるＺＥＮ

1. 現代社会と「宗教」

ZEN心理療法というタイトルに従って、坐禅や瞑想が現代の治療法、そして治療者や援助者にとっての訓練としても応用できることを、さまざまな角度から見てきた。坐禅や瞑想の現代的意義は、これらの角度から見直されることで、これまで持てなかった視点が開かれ、新しい姿を見せてくれているように思われる。

ただし、坐禅や瞑想とは、本来、「宗教的修行法」として伝統のなかで引き継がれてきたものである。本書に述べてきたようなことは、科学の時代の現代医療や心理学の進歩に「宗教」を持ち込み、時代を後戻りさせようとするようなものではないのか、といった意見もあろう。

実際本書ではこれまで、さまざまなところで特別の断りなく「宗教」的言説を組み込んで述べた部分もあるので、そのような危惧を抱く方がおられても不思議はないかもしれない。本書のような内容を理解していただくには、「宗教」に対する見解を何度も確認しておいて、し過ぎるということはないであろう。

本章ではまずはじめに、現代社会における「宗教」というものについて、いま一度改めて角度の違うところから眺めておこう。そして、その作業によって、もう少し足場を固めた上で、本章の主題である「瞑想を自己成長に役立てること」を考えて行くことにしたい。

合理性のもたらした「進歩」

現代とは、何ごとにも「合理的」に関われるようになった時代。一般的にも広く認められているように、著名な社会学者マックス・ウェーバーの見解によれば、伝統社会から現代社会への移行は、科学、技術、経済、学問の発達を伴った「合理化」による進歩をもたらし、人々を魔術や神秘的なものへの恐怖から自由にする「呪術からの解放」の過程をもたらした。私たちは「合理的に」ものごとを考えることによって、もはや「わけのわからないもの」や「迷信的なもの」に対して不必要な恐怖をもたなくてすむようになったのである。

現代の素晴らしい科学の発展につながる「進歩」は、確かにこの過程によって私たちにもたらされたものである。しかしそれは、人間の可能性を拡大する方向に導いてくれたのか、と問いかけてみると、手放しの賞賛が得られるものではない。その進歩によって築かれた近代の仕組みは、冷たく、堅く、「たえがたいほどに」人間性を圧迫するものになった、という意見は、現代を生きる誰の心にも響いてくるものではないだろうか。

ウェーバーの考えには「鉄の檻《おり》」という有名な言葉があるが、「今日の資本主義的経済組織は、既成の巨大な秩序界《コスモス》であって、個々人は生まれながらにしてその中に入り込むのだし、個々人は（少なくともばらばらな個人としての）にとっては、事実上、その中で生きねばならぬ変革しがたい鉄の檻として与えられているものなのだ」[105]。

現代の社会学的分析によれば、この資本主義の強力な発展プロセスは、あらゆる領域に「意味や自由の喪失としての合理化」を押し進めるものとなり、果ては、人々の身近な「生活世界」までをも乗っ取り、その「貧困化」「技術化」を伴った病的とさえ言えるような状況（「生活世界の植民地化」）にまで、つながっていったと考えられる[48]。

現代のスピリチュアリティ

私たちの社会生活は、この「合理化」に基づいた資本の論理や政治機構が作る巨大な「システム」に取り囲まれている。そしてこの過程は、いまや社会や環境だけでなく、個々人のコミュニーケーションの次元にさえひそかに滑りこんで、私たち一人ひとりの「疎外感」をますます増大させるものにさえなってきているようだ。

すでに何度か取り上げたエーリッヒ・フロムの「世紀の病い」は、この現代の状況がもたらした人間の内面の在りようを、するどく指摘したものでもあり、それは時代の進展とともに、ますます深刻さを募らせているように思える。

人間の内面生活を長い間確かに支えてきたものが「宗教」であった。しかしこの「宗教」も、近代の「呪術からの解放」や「合理化」の過程によって、徐々に「世俗化」し「形骸化」してゆくことになる。なるほど「宗教」には、「不合理」で「非科学的」な「魔術的」「迷信的」要素が多く認められるにちがいない。それが近代の合理的思考によって「解放」された点は、大きな進歩である。

しかしそれは、「宗教」という言葉がもつ豊穣な多義的要素すべてに当てはまるものではない。現代人はそのことをいつしか忘れてしまったのではないか。その過程は、「宗教」のなかにあった「大切なもの」までも奪い去り、生きた意味を失わせてしまう結果を招いてしまったのではないか。

現代の「スピリチュアリティ」という言葉には、この「大切なもの」を改めて見つめ直す必要性を、切実に自覚しはじめた現代人の意識が映し出されているにちがいない。

個人個人がその重要性を意識的に引き出すことの重要性に気づきはじめているので

ある。「宗教」そして、その中で行われてきた実践である「修行」の意味は、そこにおいて、人間の内面を支えてきた伝統として、再認識され、再評価されるようになってきた。

現代という「個の時代」に生きる私たちには、「制度」や「組織」として集団的「宗教」は、確かにもはや重要なものではなくなってきている。しかし、その中にあった大切な要素を、個人個人が自分の力で引き出すこと、つまりその一人ひとりの実践に、ますます大きな意味が与えられるようになりはじめているにちがいない。

2．自己成長のための「修行」

人間はいつの時代も自分自身の精神的成長を求め続けて生きてきた。それは言葉にすれば、つねに「より高いもの」を目指そうと努力する姿勢ではなかったか。

合理的思考は、しかし、その精神的な「より高い」という「価値」をうまく認めることができない。その価値は科学の時代の「実証性」には縁遠いからである。「精神的」な問題に高低の価値を与えることは難しいということは、「より高いもの」はすべてが、その価値を薄められた平板なものに引き下げられてしまうということであろう。

人の価値は、財産や地位や知識の量など、つまり目に見えるものによってしか測れなくなってゆく。だが、社会的地位のある人々に贈賄や汚職など倫理が問われる事件が頻発するこの時代には、その価値への評価もますます意味を失ってゆくばかりである。そしてフロムの言葉にもあったように、「何のために（何を目指して）生きているのか」と問われると、そこに答えは見出せなくなっているのである。

しかしこの現代には、現代であるからこそ生まれた人間たちが出てきている。現代社会に失われた精神性、つまりスピリチュアリティを引き上げることの意味に気づいた人間たちである。彼らはおそらく、人間が「より高いもの」を目指そうとしてきたその姿勢を取り戻すだろう。それはもはや地位や財産、知識や情報ではない。自分がその身をかけて身体で感じ取ろうとする実践《プラクティス》である。それが、古くから東洋の伝統のなかで「修行」と呼びならわされてきたものなのである。

心理療法と修行

西洋生まれの現代心理療法は、ここにおいて東洋の「修行」と融合する場所を持つことになる。とりわけ、近年になって新しく誕生した各種の現代心理療法は、意識するしないにかかわらず、「世紀の病い」を背景に背負って生まれてきた現代人の「治療法」なのだ。

「心の病い」の治療を目的に生まれた方法は、時代の変化とともに、「心そのものの」治療へとその適応範囲を広げてきた。そして、その実践はすでに、病いからの解放のみならず、「自己実現」と呼ばれるものを目標に行われる「自己成長」のための実践として、広く社会の中に浸透しているのである（図1）。

坐禅や瞑想、気功やヨーガ、それらはみな本来、身体的実践を通して精神を磨くことを重んじる「修行」として存在してきたものである。ところがそれらは、現代という特殊な「病める」時代のなかで、「治療法」すなわち「心理療法」となって、新たな視点からその重要な意味を引き上げられようとしている。

言うまでもなく、「ZEN心理療法」はここで大きな意味を担って姿を現わしてくるであろう。それは、現代人の自己成長のためのものとして、その価値を再認識・再評価され、浮かび上がってくるのである。

ただし、「修行」への再認識という視点は、この現代社会の中で行われるものである限り、もはや従来の「宗教的修行」ではない。つまり、それは盲目的に従い、信じるものではなく、現代の科学的・合理的・論理的検討の眼を経て、インフォームド・

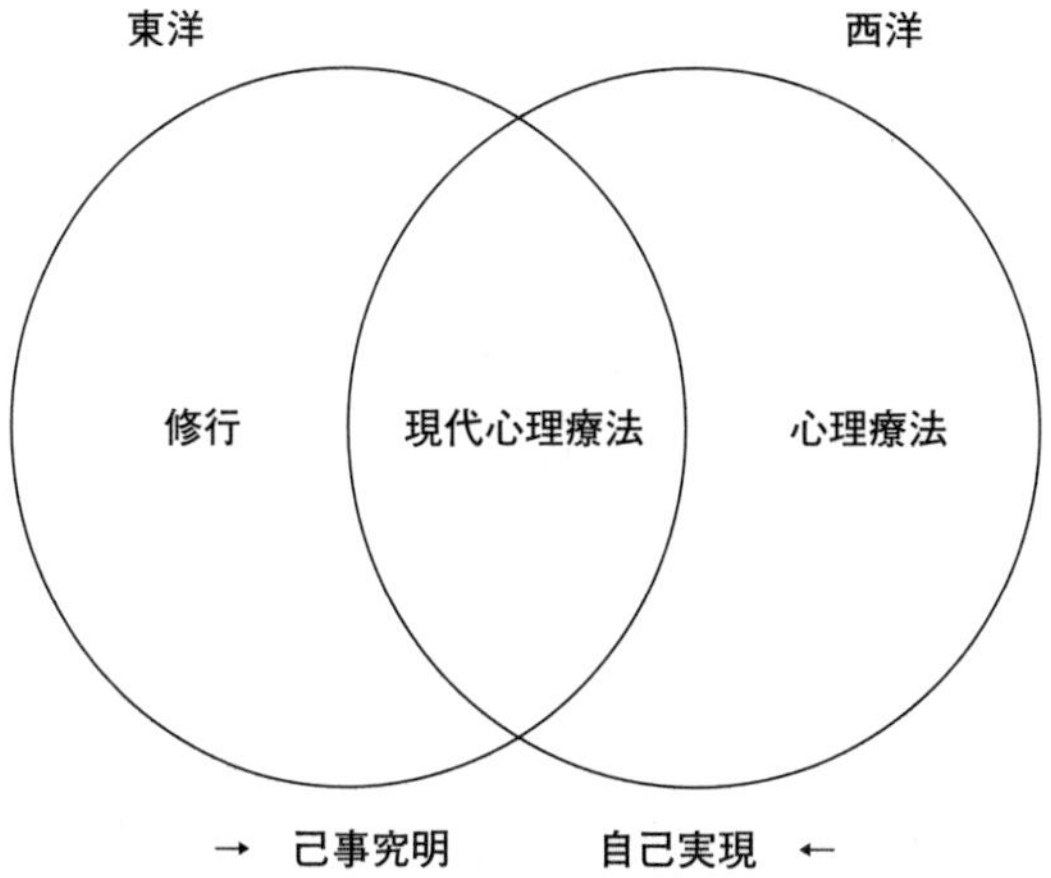

図1　心理療法と修行

コンセントの時代の評価を潜《くぐ》り抜けなければならないはずだ。

「修行」の意味というものは古来、頭で考えるようなものではなかったであろう。がしかし、現代では、その意味を納得して関わることのできる説明も必要になってきていると考える。実際、現代では種々の伝統的修行に、科学の目を向けようとする研究者が多く現れており、その意味の再認識・再評価の試みが盛んに行われている。これは、現代という時代が要請する人間の未来への使命的仕事とさえ言えるように思われるのである。

3. 自分のための心理療法

「世紀の病い」を自覚し、スピリチュアリティの重要性に目覚めた現代人は、「修行」の見直しを心に留めながら、自分自身の道を探してゆかねばならない。その道は一人ひとりの目の前に、「自分自身のための心理療法」として浮かび上がってくるであろう。

近年では若年層の「ひきこもり」という事態が目立ってきているが、ここには、現代社会の深刻な「心の問題」が凝縮されているようにも見受けられる。これは、実際の臨床場面でも考えざるを得ない問題として現代日本の心の深層につながるものであろう。また、昨今では悲惨な虐待の例や児童の殺人事件などまでが起きることで、社会病理に関連した大きな不安に、誰もが否応なく駆り立てられる状況もある。

この現代社会自体の中に、心理的問題を生む何らかの歪み、とくに子供から大人への成長・発達過程に大きな歪みがあるのではないかと考えることは、ごく自然な感性として多くの人々の心に沸き起こってくるものではないだろうか。

ここでは、現代社会における「自分自身のための心理療法」というテーマについて、伝統社会との違いにも目を向けながら、考えてみたいと思う。

通過儀礼と心理療法

現代社会と伝統社会を見比べてみると、そこには一つ大きな違いが認められる。伝統的な社会では、家族集団からより大きな社会に出立する際、たいていの文化において「通過儀礼」と呼ばれる儀式が執り行われ、個人の心理的な旅立ちに力を与えるような社会システムが存在していた。しかし、現代ではそのほとんどが形骸化ないし消失してしまっているという点である。

もちろんこれをすべての原因に帰そうとするわけではないが、「ひきこもり」という事態などに遭遇すると、この「通過儀礼」の喪失は、現代人の病理につながる大きな要素の一つとして見過ごせない出来事のように思われる。

伝統の中で行われていたことは、人間の心理的成長・発達を集団的に、つまり個人の意思に関わりなく、一挙に推し進める方法になっていたと考えられる。だが、集団の時代が終焉し、個の時代を生きる現代人に、その「制度」は意味をもって迎えられなくなった。

現代という時代は、そのような「強制的」「伝統的」心理成長は、人間にとって必ずしも不可欠なものではないと証明しているのかもしれない。大人にならなくとも、人間であり続けることはできるということだ。しかしながら、人間にとって社会というものが必要である限り、そこには成人の役割をする人間がいなければならないだろう。時代がいかに変わったとしても、人間社会の維持のためには、その「成長」課題は残り続けている。

とすれば、その「制度」がなくなったこの時代、今度は、個人個人が自分の力で、それを行わなければならないということになる。集団で強制されてこそ可能であったことを、個人の意思によって一人で行わねばならないとすれば、それはいかにも大変な勇気を要する困難な仕事になる。

が、現代人はそれを一人ひとりでしなくてはならなくなっているのだ。それは大きな難題であることは間違いないだろう。現代社会においてその仕事（課題）は、個人個人に、「自分自身のための心理療法」を要請するものとなって眼前に現れてくるのではないか。その課題は、意識されるされないに関わらず、現代人には誰の心のなかにも大きな課題となって潜んでおり、それを自らの力で乗り越えてゆかなければならない時代になっていると考えられる。

これは、決して子供にとってだけの課題に留まるものではない。豊かな現代社会の中では誰もが、そうしたければ子供のまま、青年のままでいることができる。現代の家庭では、父親も友達であり、母親も子供と同じような服を着て歩くことが「普通のこと」になっている。

精神分析的立場からは、現在の西洋型文化の病理的心性として、「青年期への固着」を指摘する意見も見られるが、そこにおいても、通過儀礼の喪失が重大な問題であるという議論がなされている[80]。

自分のための心理療法

伝統社会で行われていた「通過儀礼」を、単にそのまま復活させたとしても、そこに生きた意味は見出せないだろう。そもそもそれは不可能なことでもある。もしそこに有効な手立てにつながる道があるとするなら、この「通過儀礼」が果していた人間にとっての心理学的意味についての自覚をもつことが先決である。

近代社会をもたらした「呪術からの開放」の過程は、あらゆるものごとに適用され、「近代化」を促進する力になってきたことについては先に述べた。だが、その過程は人間にとって大切な内面的要素を、ことごとく奪い去る結果までもたらしている。現代という近代以後（ポストモダン）の時代の課題は、この過程についてまず十分な自覚的反省を行い、無残に切り捨てられてきたものの意味を再発掘していくことにあるはずだ。

「通過儀礼」はそれらの切り捨てられ、忘れられてきたものの代表であるが、「修行」というものにも同じような理解が当てはまる。また、それらが根本的には「聖なるもの」と深いつながりをもっていることには、現代人はもっと自覚の目をもつ必要があるにちがいない。

それらの心理学的意味を、新たな視点に立って評価し直し、積極的に掘り起こしてゆく作業をすることによって、いかにそれらを現代社会に役立てて行けるかを考えることが課題なのである。

本書の最後の章になるここからの記述は、こうした視点をいったん基盤に据えたところで、「自分自身の心理療法」というものを具体的に考えてゆくことにしたい。ここまでの論述とはスタイルを変えて、一人ひとりが日々の生活のなかで行う〝ZEN〟そして瞑想の意味を、より実生活に則した現代的な理解になるよう心がけながら、「自分にとってのZEN心理療法」を、より実践的に述べてゆく時間を取ることにしよう。

4. 自分を観る

まず最初に、これまでいくつかの場所で折々に使ってきた「自分を観る」という言葉に改めて目を向けてみたい。

坐禅（瞑想）とは、「自分を観る」訓練である。「自分自身のための心理療法」という観点に立つ時には、この言葉を活かして考えることで、瞑想実践の内面的体験にも触れながら、より具体的な理解につなげることができると考えている。

坐禅で行われることは、姿勢を正して、息を調えて座ること、それだけである。しかし、それは決して、ただじっと動かず茫然としているわけではない。同義語として古くから「止観」という言葉も使われてきたように、坐禅や瞑想においては、一度立ち止まって「自分を観る」という心理的な行為が行われているのである。

言うまでもなく、ここでは「観る」という言葉を、普通に使う「見る」とは別のものと考えている。「見る」は、視覚に限定して使われる言葉だが、視覚だけでなく、すべての感覚器官の働きを含めて言い表すために「観る」を使っている。つまり、眼・耳・鼻・舌・皮膚感覚・内臓感覚、そして思考や感情などの心理的内容などまで、意識にのぼるすべての感覚を心が捉えることを指す。

文章にすると回りくどくなってしまうのだが、いま、少し時間をとって、自分の内面や身体の感覚に注意を向けてみてほしい。

本を読んでいると気がつかないが、そのままちょっと身体の感覚に注意を向けてみると、たとえば足先が冷たい、お腹のあたりが窮屈、外では車が走っている音がしている、夕食のことを考えていた、などなど、「心」にはさまざまな感覚や心理的内容が浮かんでいることが分かるはずである。

そして、はじめはよくつかめないかもしれないが、それらのなかには「自分という感覚」も含まれている。瞑想のなかでは、それらへの注意がゆっくりと移り変わりながら、何度となく同じ場所に返っては巡回してゆく意識の運動を発見できるにちがいない。

それらすべてがみな、自分（のもの）と呼べるもの。つまり「自分」の要素である。それらに注意を向け続けるのが、瞑想のエッセンスと言えるだろう。

「自分を観る」とは、このことを指している。

これは決して瞑想をしなければできない、といったことではない。しかし、人に会ったり、仕事をしたり、忙しい毎日のなかではすぐに忘れられてしまう。外から次々に来る刺激や情報に対処しようと、注意はいつも自分の外に向かっているから、その態度が日常生活での習慣になっているからである。

注意の姿勢

普段の私たちの生活は、常にこのように外部に注意を向けている。つまり「外ばかり見て」いる。

おもてを歩いていても、心をなごませてくれる自然には目もくれず、忙しく街を行き交う人々、おしゃべりする人々、注意をひく広告や看板などばかりを「観て」はいないだろうか。

家に帰ってくつろげば、周囲への気配りからしばし解放されるかもしれないが、外にばかり向いている心の姿勢は、基本的にはまったく変わりはしない。仕事を終えて帰っても、テレビが待ちかまえている。ひまができれば、すぐにどこかへ出かけようとしたり、電話をしたり、コンピュータを操作したり・・・。

外にばかり向いている心の姿勢は、なかなか変わるものではない。つねにたくさんの刺激に囲まれたなかではとくに、そのきっかけをもつことが困難である。毎日の生活はその姿勢を自分がもったままであることにさえ気づかず、続いてゆくにちがいない。

注意の姿勢を変えるのは、それを自覚的に行わない限り、困難なことである。それが自覚されたとしても、少しでも刺激の少ない静かな時間を持とうとしなければ、容易にできることではないだろう。現代人にとってのZENや瞑想の意味は、ここにある。

意識して「自分を観る」時間を作らなければ、膨らみ続けるストレスや、おびただしい情報や広告に煽り立てられ続け、そのことでさらに複雑なストレスがどんどん積もり重なって行く。

「何を目指して生きているのか」「何のために生きているのか」という意識はどこにもない。ただ蓄積したストレスを時々吐き出す快感を求め、欲を満たしてくれる消費に身を投じる一時の満足を繰り返しているだけになってしまっている。それが、私たちの日常生活のあり方ではないだろうか。

「自分を観る」というのは、注意の姿勢のことである。それは瞑想に親しんでゆくことによって、ある種の確かな「感覚」として身についてくる。気がつくまでは、それまでの自分にはなかった感覚であるから、はじめはなかなか簡単にはつかめないかもしれない。

しかし、繰り返し何度か意識できる時間がもてるようになれば、呼吸の運動を意識しただけですぐに取り戻せる感覚である。時々であっても、瞑想を続けてゆくうちにだんだんとわかり、身についてくるだろう。

自分にいること

現代人の忙しい生活は、まるで自分を嫌い、自分から逃げようとでもしているかのようにさえ見える。絶えず情報に取り囲まれ、それらをチェック、自宅に戻ればテレビにパソコン・・・私たちは、子供の頃からそんな生活をし続けてきた。つまり、意識を自分に置いておくこと、言い換えると、「自分にいること」に慣れていないのである。

テレビを見ているとき、自分は「いなくなって」いないだろうか。画面のなかを動き回る映像や音声にすっかり気をとられ、自分が五感全体で感じ取っていること、考えていること、つまり「自分を観る」という言葉で述べたような感覚や内容はすっかり忘れ去られている。

私たちは、このようなあり方で、いつも、どこにいても、「外ばかり観て」いる。家ではテレビや情報、外出すれば、商品や景色、そして周りの人の様子。これは、その人が「どこかにもっていかれている」という事態である。テレビに夢中になっている時、あなたはテレビに「もっていかれて」「自分にいなくなって」いる。人と会話していても、「自分にいない」状態では、人に「もっていかれて」、最悪の場合、後で後悔するような事態にさえなりかねない。

なぜ「自分を観る」訓練が要るかというと、この「自分にいること」の大切な意味を取り戻すためである。これは内面的な感覚として感じられるものであるから、文章にするのは難しいのだが、「あなたはいまどこにいますか？」と聞かれたら、どう答えるだろうか？

「日本にいる」「東京にいる」などというのは、頭のなかの「考え」「概念」である。「家のなか」「電車のなか」、これも「概念」。そうではなく、いま実際に感じている確かな感覚はどのようなものだろうか。

「あなたはいまどこにいますか？」。

その内面の感覚にしばし触れてみてほしい。いまあなたは「身体にいる」のではないだろうか。それを感じている確かな感覚が「自分にいる」ということである。

その感覚、全身の感じ、その「中心の感じ」をよく確かめてみてほしい。「中心の感じ」は始めはなかなか掴みづらいかもしれない。しかし、いつも呼吸に集中している感覚を大切にしていると、次第に分かってくるようになる。少し瞑想から離れて、人と話している時やテレビを見ている時などに、瞑想で身についてきた呼吸への集中の感じを思い出してみると、より掴みやすいように思う。

人と話していながら、呼吸への集中を忘れないでいる意識がそこに感じられるだろうか。その感覚が掴めれば、それは、「これまでの自分にはなかった意識」と言えるはず。瞑想の伝統などには「第三の眼」という表現もあるが、自分をしっかりと捕まえ、それを観ている意識は、「新しい眼」がそこに生まれたということではないだろうか。

その「中心の感じ」をしっかりと意識していることが「自分にいること」である。「自分にいること」とは「いまここにいること」。いまここには、過去や未来の「心配」はないであろう。「心配」は、すべて過去や未来のことのはず。そしてそれは「考え」である。その考えが「心配」を作り出している。それは、過去や未来にとらわれているということである。

呼吸に注意を戻し、しばし「自分にいる」時間を取ることによって、余計な「心配」「不安」は減らすことができる。そして、欲に支配されて自動的に働いている「考え」も減ってくるにちがいない。

5. ZENを日常生活に活かす

瞑想は決してただ家のなかでじっと座って行うだけのものではない。歩く時、食べる時、話す時、仕事をしている時、料理を作っている時・・・そこで呼吸に注意を向けて「意識的に」行動しているかどうかということ。極めて単純なことなのだが、それを常に行うのはなかなか難しい。

家で一定の時間、静かな時をもつことは、現代人の生活にとって非常に重要な意味があるが、瞑想の本来の目的は、日々どんな時にも、その静かな意識を持ち続けることにあるだろう。

これは、初心者にも、熟達者にも同じようにある目標である。何十年と長期に渡って瞑想を続けている人々も、これをやり続けているという点ではまったく同じこと。自分が何をしているかを意識する、自分を観る、それをやり続けている。

自己成長のためのZENの目標は、これを身につけることにあると言ってよいだろう。

現代社会で暮らす私たちの瞑想は、その成果を毎日の生活に活かすために行われる

「訓練」であり、社会と隔絶されたものとなっては意味をなさないものである。

とにかく、呼吸を意識することが、その基本である。それは「現在にいること」、思考の虜になって過去と未来を巡り巡ることから「現在を取り戻す」ことである。

しかしおそらく、外に出れば、そして一歩歩けば、いま読んだことはすぐに簡単に忘れてしまう。呼吸を観るという単純な行動でも、それはすぐに忘れてしまうことに気づくだろう。いまそうしようと思っている人のなかでも、後でそのことに気づく人の方が少ないはずだ。多くの人が、本を置いた途端、二度とここで読んだことを続けることがないかもしれない。

そこで、その機会を日常生活のなかにできるだけ取り戻すために、日常生活のさまざまな機会を取り上げて、「気づく」きっかけを作る工夫の一つを紹介してみようと思う。

これはフランスに拠点を置いて世界的に活躍するベトナムの禅僧ティク・ナット・ハン師が薦めておられるものだが、たとえば、電話の呼出音を利用してみるのはどうだろうか？

電話が鳴ると、すぐにいろいろな考えが巻き起こる。「あの人からだろうか」「約束のキャンセルではないだろうか」「何かやっかいなことが起きたのでは・・・」「やはりダメだったのか」・・・　気がかりなことがあればあるほど、そこには不安や否定的感情が呼び起こされることも多くなる。

電話が鳴ったら、出る前に一つ息を吸ってみる。つまり電話の音を利用して、それを、呼吸に気づかせてもらうサインとして使ってみてはどうかという提案である。そうすれば、いつもの電話の音がこれまでと違ったものになってくれる。呼吸を観るのを忘れていたことに「気づかせ」てくれる大切なものになるからだ。

食事を終えて皿洗い。掃除機をかける時。運転中に信号で止まった時。その他さまざまな機会を自分で工夫してみてはどうだろうか。

禅の修行僧たちの生活では、坐禅の時間はもちろんのこと、作務《さむ》と呼ばれる掃除や日常の雑事、すべてが一つひとつの修行とされ、非常に大切なものと考えられている。これは、決して坐禅をしている時だけでなく、一日の生活のそれぞれすべてが、この気づきの機会をもてる時間として捉えられているからである。

静かに座る時間をもつだけでなく、日常生活のなかに「気づき」の機会、静かな自分を取り戻す機会を、自分に与えてあげることができるよう、自分でさまざまな工夫をしてみることをお勧めしたい。

いまを楽しむ

意識的に生きることは、「いま」という時間を楽しむことである。

私たちは日々様々な目的をもって行動する。目的をしっかりともち、それに向かって計画的に行動することは、有益であり、現代社会では賞賛されることにちがいない。

しかし、先々のことや実現したいことばかりを考えていれば、その過程をなす日々の一歩一歩がおろそかになりがちである。遠くばかりを見ていては、足元の小石が見えず、つまずいて大けがをすることにもなる。

猛スピードの日常のなかで、足元がおろそかになっていては何事もかなわないが、それは大丈夫だろうか？

禅の伝統では「照顧脚下」という言葉が大切にされてきた。

現代では、毎日の生活のスピードが速く、それにつられて浮き足立ってしまいがちである。そこでは、つねに足元を「観て」おくことが、私たちみなにとって、より重要になってきているように思われる。

呼吸に注意を戻して、「自分にいる」時間をもつ。

それは、いまここを生きることであり、いまここを楽しむことにつながる。目的を追いかけて駆け足で生きるのではなく、その手段や過程を楽しむことを大事にすると言ってもよいだろう。

日常生活での小さな例として、食事後の皿洗いを考えてみる。面倒なことを早く終わらせて、さっさとくつろぎたい、とばかり考えていれば、皿洗いは苦痛な作業になってしまう。しかしそれは、呼吸に注意を戻す訓練をする大切な時間となれば、水を受ける皮膚の感触や一つひとつの動作すべてが違ったものになって現われてくるだろう。そして、呼吸とともに「いまここ」で「自分にいる」ことを感じながら、その喜びの感覚とともに、皿洗いを楽しむことができるはずである。

目的ばかりが優先されていれば、その過程の一歩一歩が見えなくなる。坐禅や瞑想もまったく同じである。先にある何かの効果や目的ばかりを求めていれば、がんばればがんばるほど、そこで「いまここにいる」ことはできなくなる。楽しむことができないのである。

楽しくない「心配」は「考え」である。これから先のこと。過去の過ぎ去ったできごと。それらを「思い悩む」のもまた過去や未来についての「考え」である。呼吸を意識すれば、「思考」のスピードが弱まって、「考え」に少し距離が作れるだろう。「考え」が「考え」であることに気づくことができるということである。

その「考え」は、みな「未来」か「過去」のことであるから、それは「いまここ」

で起こっていることではない。いまここは、感じられるものであり、それはつねに楽しい喜びの時としてあるもの。

「考え」に気づくことができたなら、その瞬間、「自分はどうしたいのか」と問いかけてみてほしい。その考えは楽しいものだろうか、美しいものだろうか、あるいはまた卑しいものだろうか。それをもっと膨らませてゆきたいだろうか。

「自分にはできない」というのは言い訳である。先の不安は、悲観的な「考え」につかまっているからではないか。過去の後悔は、その「考え」に「もってゆかれている」ことではないだろうか。いま重要なことはもっと他にあるのではないか。もしそうなら意識を向け変え、いまを楽しみたい。瞬間瞬間に問いかけ続けているのが、瞑想の本質をなす繊細な意識である。

呼吸一つひとつに集中しているうちに、「考え」はいつしかまた別の考えに移り変わって行く。心配や悩みやストレスが消えてなくなる、というわけではない。生きている限り、それらはいつもある。しばらくするとそれはまた戻り帰ってくる。しかし、その「考え」の渦に巻き込まれて、それらを増大させず、いまの静かな楽しい時を感じながら、少しでも自分でいる時間をもつことによって、落ち着いてそれらにも対処できるようになる。そして、もっと毎日をより楽しんで生きることができるにちがいない。

坐禅や瞑想とは、ただ、いまを楽しむために行うものとさえ言ってもよいと思う。日常生活や人生すべてに重要であるその姿勢を身につけるための訓練としてあるもの。それを積極的に取り入れた生活が、自己の成長に栄養を与えてくれるのである。

力まない集中

瞑想でなされていることは、「力まない集中」と言ってもよいかもしれない。

呼吸に注意を向け、ゆっくりと息を調えれば、身体のさまざまな場所の緊張がほぐれる。そして瞑想を続けると、酸素消費、二酸化炭素産出、呼吸数、心拍数、心拍出量、血圧、体温などが低下する作用は医学的にも確かめられていることである。もっとも、これは必ずしも瞑想に限ったことではなく、さまざまなリラクセーション法に共通して認められる働きであるが。

しかし、坐禅や瞑想には、このリラクセーション以外に、重要な要素が含まれていることに注目したいと思う。

筋肉の緊張を解きほぐしてリラックスする方法は、さまざまにある。ストレスまみれの現代人には、各種のリラックス法（「癒し」）が必要にはちがいない。しかし、それだけでは、単にストレスを一時的に発散させただけ、あるいはそこから一時的に逃避しただけ、ということにもなりがちである。仕事に戻ればすぐにまた、まったく同じストレス状態のなかに舞い戻ってしまう。

坐禅や瞑想がそれらと違うのは、単にリラックスを呼び起こして「ゆるむ」だけでなく、同時にそこで、意識の「集中」を重視している点にある。呼吸への注意を怠らないようにするのは、この「集中」の一種である。

スポーツ選手たちは、試合に臨む緊張状態のなかでもリラックスできなければ、良い結果が出せないことを経験的によく知っている。このことは、決してスポーツの試合などだけでなく、生活のあらゆることにも通じるものだろう。ただし、この「集中」は注意を一点に固定するということではない。固定するということは、それにとらわれてしまうことになる。実はこれが非常に難しいことなのだが、訓練を積んだスポーツ選手たちにはよく知られていることにちがいない。

すでに述べた「中心の感じ」ということについても、その感覚への集中にとらわれてしまえば、意味のないものになってしまう。やはり訓練が必要になるのだが、私たちは修行僧ではないのだから、まずはその感覚をつかむだけでも意味はある。日々の暮らしにも役立つことがたくさんあるにちがいない。

普段の生活の中で適度に力を抜いて過ごすことは重要なことである。平日は猛烈に仕事に集中し、週末は思い切り休みリラックス、といった生活スタイル、つまり全力で仕事をこなしては緩む、という極端の繰り返しでは、どんなに良い仕事ができていたとしても長続きしなくなってしまう。坦々と仕事をこなしてゆくことが理想であるならば、そこでは「力まない集中」を身に着けることが必要なはずである。

そのためには、スポーツ同様、何事もトレーニングがいる。坐禅や瞑想は、このトレーニングの一つと考えるならば、現代人にとって非常に有用なエクササイズとみなすことができるだろう。坐禅や瞑想は、静かに坐った状態を楽しむものとしてあると同時に、毎日を「坦々と」「力まず」生きるためのトレーニング・エクササイズなのである。

6. 自己覚知と思いやり

瞑想とは何のために行われるものか、と言えば、そこでは「自分を知る」という言葉がとりわけ重い意味を帯びてくる。

「自分を観る」という言葉も同様だが、この言葉は非常に深い意味を持っている。

だが、この「自分を知る」は、日常会話でもさまざまに使われていて、意味もあいまいとなるため、「心理学」そして「心理療法」といった文脈で述べるには、少々通俗的に過ぎて、使いにくい点がある。

そこで、日本語で「自己覚知」という熟語が、さまざまな場所で使用しやすい有用なものと私は考えている。この用語は、「知る」にはまず「気づく」ことが必要であるという点をうまく含んで活かせる要素を持っているからでもある。

一般的にはあまり知られていないが、英語圏での“self-awareness”という用語がわが国では「自己覚知」と訳され、とくに対人援助に携わる社会福祉関連の学問や実践などにおいては大切にされてきた歴史がある。

「自己覚知」の意味は、学問的に使用されてきた歴史を考えると時代変遷もあるようだが、現在では、文字通り「自分に気づき、自分を知ること」と考えてよい。この言葉は、実際に使ってゆくと、誰もに簡潔明瞭に意味が伝わるという点で、さまざまな場面で使用しやすい用語であり、心理学的な専門用語としても有用なものになる。

本書の最後になるこの部分では、「自己覚知」という言葉をあえて積極的に使い、これまでとはまた別の角度から、自分の心理療法のための瞑想の意義、そして「思いやり」という言葉についても、さらに深く見つめて行くことにしたい。

心理療法における自己覚知

「自分自身のための心理療法」という観点に立ってみると、近代のもっとも代表的な心理療法として誰もが認めるアプローチ（フロイトの精神分析やロジャースの来談者中心療法など）も、本質的には「自己覚知」を目標としていると捉えられ、有用な理解になる。

先述したが、ロジャースの豊富な臨床経験から生まれてきた「来談者中心療法 client centered therapy」の考えによれば、人間が本当に経験していること（「有機体としての経験」）と、自分が経験していると思っていること（「自己概念」）との間のズレ（ギャップ）に気づき（「自己の経験に開かれ」）、それを少なくして「自己一致 self-congruence」することが、治療における目標と考えられている。

このロジャースの述べた「有機体としての経験」は、その治療実践における意味に重点を置いて見れば、精神分析の「無意識」に相当するものと言うことが可能である。「無意識の意識化」という精神分析の基本的治療原理も、「有機体としての経験」に「気づくこと」として捉え直すことができる（図2）。

これら現代の心理療法の基礎をなしている最も代表的な（二つの）アプローチが、「自己覚知」すなわち「自分に気づき、自分を知ること」をその基本原理に置いてい

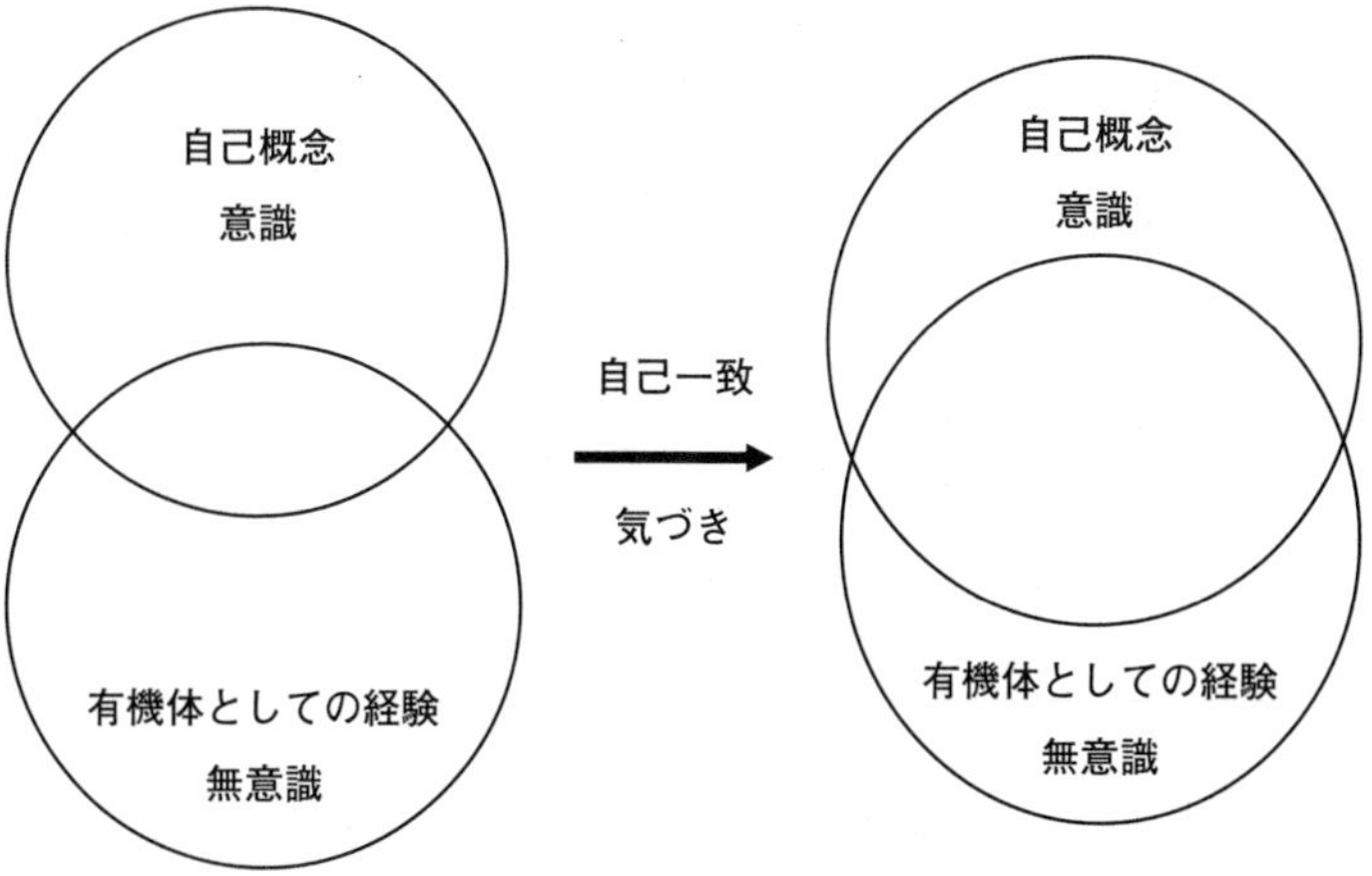

図2　ロジャーズとフロイトの概念

ると考えられるならば、心理療法とは、一般的に言って、この「自己覚知 self-awareness」を深めることを目指して行われるものである、とも言えるのである。

現代になって生み出された心理療法として有名なゲシュタルト療法も、その治療実践における「気づき awareness」をとりわけ重視した方法になっている。その体系を築き上げた精神科医フリッツ・パールズは、晩年には禅に強い関心を抱いて京都の禅寺を訪れ、「修行」体験を重ねていた人物だった。彼のそのような行動も、現代という時代の流れの中にあって、心理療法の実践を深めてきた人間が進む極めて自然な成り行きとして理解できることであろう。

瞑想や禅の伝統は、現代の西洋的治療文化が行き着いた「自己覚知」という問題に、驚くほど深く取り組み、西洋とは異なったアプローチで突き詰めてきた東洋独特の治療文化とみなせるものである。それは今日、西洋の心理療法の発展の結果生まれてきた新たな文化的視点から、その偉大な価値を再評価される日を迎えたのである。

その成果が実を結ぶのは、わが国を含め東洋と西洋の治療文化が豊かに融合を行っていくこれからの時代の最も大きな課題となるはずである。今の私たちにとっては、たとえそれがわが国の伝統的文化であるとは言っても、多くの人にとって禅や瞑想は——西洋人と同じように——まったく新しい文化として目の前に現れたものであろう。つまり、いまようやくその探求のまさに入口に立ったにすぎないのである。しかしこれからは、私たちの足元にありながら見過ごされてきた大切な精神文化の伝統に、一歩ずつでも近づきながら、先人たちの残した莫大な遺産を掘り起こしてゆく努力が求められている。

気づきと洞察力

「自己覚知」つまり「自分の内面に気づくこと」、それは思考によって概念的に知るということではない。それは一生懸命に考えたからできるというものではない。また、意識的にいくら努力したから得られるというものでもない。むしろ、この意識的に考えようとする気持ちがふと抜けたところで「気づき」がもたらされるといった性格のものである。

内面に気づくことは、意志や考えというよりも、痛みやだるさなどの身体的感覚の方がむしろ近いと言える。その意味で「自己覚知」は、自分が意識できていなかった繊細な感覚を敏感に捉える能力を指すものであり、一種の「洞察力」と呼んだ方が的確に言い当てている。つまり、「自己覚知」を深めるということは、「洞察力」を養い培うことであり、それは一瞬一瞬の行動に、より繊細な注意を配る能力を育てていくことを意味している。

少し自分を顧みてみればわかるはずだが、私たちの意識的注意は、もっぱらほとんどが外部の目に見えるものや耳に聞こえてくる音などに向けられている。私たちの日常生活は、そうした外部からの「刺激」や「情報」に絶えずさらされており、そこに釘付けになってしまっていると言ってもよいだろう。

しかし、「内面に気づく」のは、これとは全く異なる意識的注意によってなされるものである。私たちは生活している限り、外部の物事やたくさんの刺激にさらされているが、外部の物事を見たり聞いたりしている時にも、そこには「内面」に生じている感覚がある。私たちは普段その「内面」をほとんど「観る」こともなく過ごし、すっかり「外部」にばかりとらわれて生きているのである。

たとえば、いま目の前に林の木々が見えているとしよう。目に映っているのは、写真と同じように見える木々の外観や風景である。しかし、ほんの少し意識を内側に向けてみれば、その木を見ながらも、自分の中にはさまざまな感覚が生まれているのがわかるはずである。木の姿が美しい、木々の間を通る風の音が心地いいと感じている、日の光にきらめく葉に柔らかい暖かさが呼び起こされている、その溌剌とした淡いグリーンの色つやには光を浴びている無邪気な喜びや健康さが感じられてうれしい、などなど。これらは実際、明確に意識には上らないとしても、木々を見た一瞬にすべてを全身が感じ取っていることである。

しかし、普段の生活の中では、いまのように立ち止まって「自分を観る」ようなことはほとんどない。それらの感覚は、そうしない限りはいつも封印されている。そうした感覚に対する繊細な注意の意識は、ほとんど感じ取られないまま見過ごされ、次々に目の前にやってくる物事をこなし続けながら、忙しい日常生活を送っているのである。

表情の深さを汲み取る

いま述べたことは、物事を目にした時、耳にした時、人に会った時など、生活の中でいつでも起こっていることである。人に会った時、私たちはその表情や言葉からいろいろなことを汲み取っている。そして、その汲み取り方には「深さ」がある。人の言葉を聞けば、その言葉の意味が汲み取られるが、その時、その言葉にはさまざまな表情があるだろう。

たとえば「こんにちは」という一言を聞いて、そこに暖かさ、冷たさ、一見明るいがどこかに陰がある、といったことだけでなく、この人はどこか健康を害しているのではないか、何か後ろめたいことがあるのではないか、さらには、過去にこんな仕事をしてきた人なのではないか、こんな人生を送ってきたのではないか、などがふと感じ取られるようなこともある。

もちろん、それらは主観的な思いこみにすぎないこともあるし、実際まったく見当違いなこともあるにちがいない。だが、私たちは、その出会った一瞬に（その時には意識できていないものも含め）さまざまな意味を汲み取っており、それには「深さ」があるのだ。それは決して考えによって知られるものではない。

しかし、無自覚に普段の日常生活を過ごしている時は、そこにある「自分」や「内面」は簡単に見過ごされ、表面的な感覚に触れるだけで時が過ぎ去っていく。その奥にある「より深い」感覚は自覚されず眠ったままである。

それに気づくためには、習慣になっている日常的な意識的注意のあり方を変えなければならないわけだから、それは決して容易なことではない。それゆえ、私たちには訓練が必要なのである。

少しずつでも、そうした「内面」を汲み取る（「自分を観る」）訓練を積み重ねていくことによって、力（洞察力）は身についてくる。どんなことでも学ぶためには努力と訓練が必要なことは誰もがよく知っているはずである。

禅や瞑想は、その最も本格的で専門的な訓練であるが、決してそれはどうしても必要なものというわけではない。日常のいろいろな場面で、その訓練を少しずつしていくことは、いつでも誰にでもできることであるし、そのような姿勢さえあれば、特別訓練などしなくとも、さまざまな機会に多くのことを学べるはずである。

友人に自分の欠点を強く指摘されたりして、衝撃的に「自分に気づく」というようなこともある。心理療法を受けて「気づく」ということも、もちろんあるだろう。また、一人になった時に自然と反省の目がもてて、意識していなかった深い感覚にハッと気づく、といったこともあるにちがいない。そう考えれば、人と交流する毎日の生活は、すべて「気づき」を培う学びの場となる。対人援助活動などに携わることは——その目をもってさえいれば——「気づき」「自己覚知」をより深めてもらえる絶好の場であると言ってもよいのである。

内面に向いた繊細な注意の意識が培われるならば、「いまここ」に起こっている沢山の感覚に敏感な感性を持ち、その場に起こっていることに対する「深い」汲み取り能力、すなわち「洞察力」が生まれてくる。他者に出会った時、一瞬一瞬そこに起こっていることを汲み取って「自分を観る」能力を大事にしていけば、おのずとそこには、以前よりも深まった「洞察力」が身に備わって行くであろう。

共有空間に対する意識

「思いやり」とは、この能力に基づく心理や態度を指す言葉である。それは文字通り「思いを遣《や》ること」。その場に起こっている沢山の内面の感覚に繊細な注意をもつこと、すなわちそれらに「思いを遣る」ことである。

目の前にいる人が実際はどう感じているのかは、その人でなければわからない、と言わねばならないが、その当人にわかっていないものが外から感じ取られ、汲み取られることも沢山ある。その場に起こっていることは、決して個人個人の皮膚の中に閉じこめられてはいない。それは人と人の間にある「共有空間」で起こっていることである。「洞察力」とは、その「共有空間」に起こっていることを汲み取る能力のことである。内面的感覚への繊細な気づきは、「共有空間に対する意識」の深さを表すものであり、その度合いが「思いやり」の深さなのである。

したがって、奇妙な表現になるが、木に対する思いやり、空に対する思いやり、壁に対する思いやり、イスに対する思いやり、というものも可能であろう。そこには「共有空間」がある。木と自分との共有空間、それに対する意識には深さがあるのだ。その意識がより深まっていけば、木に対する「思いやり」は深くなる。自分がそこで木の声を聴けば（木に対する洞察力を深めて「観る」ならば）、木に対してしてはいけないことや、してあげられることなどが、おのずと見えてくるだろう。自分と木の共有空間は、自分と自然へ、自分と人へ、自分と世界へ、自分と地球へ、というように、次々に広げて当てはめられるにちがいない。

ここで注意しておきたいのは、共有空間に対する意識を「観る」という作業は、他者や相手に意識を向けることではないということである。通常「思いやり」というと、「他者の気持ちになる」ないし「他者の立場になって考える」などといった言い方がよく使われるが、「思いやり」とは、他者に「思いを遣る」ことではない。「思いやり」

とは相手の気持ちになるというより、相手を通して生まれてくる自分の内面の意識に「思いを遣る」ことなのである。

「思いやり」とは「共有空間に対する意識」である。したがって、その意識を十分に深くもっていれば、そこには自然と「礼儀」が生まれてくる。その意味で「思いやり」とは「礼儀」であると言うこともできる。共有空間にいる者、つまり場を共にしている者に「思いを遣ること」、それが態度に表れたものが「礼儀」である。それは目の前にいる人に対してあるのと同じように、生きる場を共有する人間として遠く離れた人々、そして現代に生きる人間すべてに対しても存在している。さらにそれは、自然に対しても、地球に対しても当てはまることである。

それゆえ、このように言うこともできるにちがいない。礼儀のない人とは、思いやりのない人である。思いやりが薄い人は、隣人だけでなく、地球の人々、そして地球環境にも礼儀が薄いと。要するに、思いやりのない人は何事に対しても礼儀をもっていない、つまり「失礼」なのである。

思いやりと礼儀の両者は、どちらが先でどちらが後に出てくるというものではない。したがって、もし「洞察力」が十分に身についていないのであれば、形から、つまり「礼儀」の形を学ぶことから入って「思いやり」を身に着けていくことも可能であろう。そう考えるなら、「礼儀」（の形式）や「挨拶」が何よりも大切だとしてきた古くからの教育（いまは廃れているようだが）は、「思いやり」を伝えてきた優れた文化として見直されなければならない。

「思いやり」は、そう簡単に養い培えるものではないが、決して養うことが不可能なものではない。日々の心がけや訓練によって、それは育ち、深められていく能力であろう。ただし、それがまったくないところからは、いかに努力して意識的訓練をしても、身に着けるのは容易なことではないと考えられる。思いやりを伝えてきた優れた文化が、いま片隅に追いやられているとすれば、その文化がもっていた優れた価値を現代人が十分に納得できる形で引き出していく試みが必要であろう。

思いやりから慈しみへ

前章では対人援助者に求められているものとして「思いやり」の重要性を述べ、その回復のために、現代という時代潮流に見られる積極的要素を引き出すことに注目してきた。現代のグローバリゼーションの波は一見すると、その国固有の文化をも希薄にして「（グローバル）スタンダード」化してしまうように見えるが、その動きはまた同時に、それぞれの地域が古来もっていた独自の文化への再評価の目を生み出すという要素があり、ここにこそ現代における大きな重要性を認めることができるであろう。

何度か強調して述べてきたように、わが国の場合その方向性は、仏教的精神を基盤にもつ伝統的な「思いやり」文化への目を、新しい角度から用意することにつながってくる。「思いやりの回復」には、その根本で、精神文化全体の質的変化《シフト》が重要であるとすれば、ここにはその契機となる大きな可能性を見ることができるにちがいない。

現代の西洋先進諸国に広がっている仏教や瞑想への高い関心は、現代人の心の行方を示す代表的動きの一つとして、今後もさらに大きな潮流となってゆくように思われる。なぜなら、この動きは現代という特有の時代ゆえに湧き起こり、押し進められているものだからである。

ここには、現代に生きる人々の心が、その失われたバランスを回復させようとする補償的な動きが現れているとみることができる。仏教が本質的に目指す目標は、「思いやり」や「慈しみ」を培い深めることである。それは、現代人が集合的に求める心の行方とその底流で深く共鳴し合っているのである。

このような状況の中で注目が集められている瞑想への関心は、科学的な態度をもって、現代人の「健康」や「自己実現」を求めるものでもあるとすれば、瞑想はそれを達成するための「技術」としてみなされるにちがいない。ならば、それはまた「自己覚知」を深める技術としても意味をもち、現代人にとってはとくに重要なものと言ってよいだろう。

ただ、その「技術」を、背景にある文化からまったく切り離して捉えてしまうことには問題もあろう。瞑想は、仏教はじめ、各種伝統のなかで重んじられてきた「聖なるもの」につながる「慈しみの文化」の中で行われることによって、はじめてその真の存在意義を発揮する「技術」として捉えられねばならない。それは、数千年の長きにわたって続いてきた「(精神) 文化」の中で、「思いやり」や「慈しみ」を養い培うための優れた技術として存在してきたものなのである。

思いやりという言葉は、主に他者に対して使われるものとして、慈しみよりもより個人的な色彩を帯びているようにも思える。だが、この両者には、本質的な違いは何らないものと考える。「思いやり」がより深く培われるならば、慈しみの心が自然と身に備わってくる。そして慈しみの文化に触れることによって、思いやりはより一層強く個人の中に養われていくはずである。そう考えれば、仏教はじめあらゆる「宗教」の中で大切にされてきた「祈り」の実践は、現代の「宗教をもたない人々」にとっても大きな価値をもって目の前に浮かび上がってくるにちがいない。

ZEN心理療法は、この現代を通過したこれからの人々によってこそ、その価値を引き上げられ、大切にされて行く、慈しみの「現代心理療法」なのである。

補遺章

現代社会における各種の瞑想技法

「ZEN心理療法」の具体的実践については、主に第二章で詳しく述べてある。ここでは、それらのなかで「瞑想」と呼んできたものについて、補遺として少し具体的に記しておきたい。

本書では、坐禅、ZEN、そして瞑想などを、それぞれに明確に規定することなく用いているところも多い。本書での紹介は、ほとんどが坐禅を念頭においたものと考えて頂いて差し支えないのだが、なかにはZENや瞑想という言葉で、あえて範囲を広げてあいまいに述べている部分もある。

具体的な方法をイメージして頂く必要のあるところでは、その瞑想の名を挙げて述べてあるが、それ以上の説明を付け加える余裕がなかったため、本文とは別に、もう少し詳しく知りたいという読者もおられることであろう。より広い読者への便宜を考え、ここに補遺章を設けて、いくつかの瞑想の方法について記しておくことにしたい。

1．ZEN（坐禅）の方法

数多くある瞑想の中で、日本人にとってはもっとも馴染み深いのが「坐禅」であり、言うまでもなく本書の〝ZEN〟も、この方法を念頭に置いたものである。ただし、坐禅と一口に言っても、そのルーツをさかのぼればインドにあり、中国を経てわが国に伝わったものだから、その宗教的・思想的背景や伝承された経緯などを見るとさまざまな流れがあり、もとより「坐禅」という決まったやり方が一つあるというわけでないことは言っておかなければならない。

しかしながら、現代になって世界のさまざまな場所で行われるようになっている「坐禅（ZAZEN）」は、わが国から広まったものがほとんどである。その点も考え、いまでは広く世界中にも翻訳されている、わが国の曹洞禅の始祖、道元が簡潔に説いた坐禅の方法（坐禅儀『正法眼蔵』）に則り、具体的にその正しい方法を記しておくことにしたい。

まず、坐禅は、静かなところで、敷物を厚く敷き、外気を入れないようにして、自分のからだを置くところを大切にして行われる。

飲食は控え目にし、座るところは、暗くせず、明るくしておく。そして、冬は暖かく、夏は涼しくしておくのが正しい方法とされている。

坐禅の時には、坐蒲《ざふ》を敷く。坐蒲は足の下全体にではなく、組んだ足の中央から後ろに敷き、背骨の下に坐蒲がくるようにする。そして、右の足を左のももの上に置き、左の足を右のももの上に置く結跏趺坐《けっかふざ》、あるいは、左の足を右のももの上に置くだけの半跏趺坐《はんかふざ》と呼ばれる形で足を組んで座る。

衣（袈裟）はゆるやかに整え、右手は左足の上、左手は右手の上に置いて、二つの親指が向かいあって支え合うようにし、両手を胴に近づけて、親指の先がへその上にくるようにする。

姿勢は、左右に傾いたり、前にかがんだり、後ろにのめったりしないように心掛け、横から見ると耳から肩への線が垂直になり、前から見ると鼻からへそへの線が垂直になるように。

舌は上あごにつけ、息は鼻から吸い、口と歯を結ぶようにする。目は開いたまま、広げすぎもせず、細めすぎないようにする。

こうして身心を整え、「腹のなかの気を吐き出す」ように呼吸を繰り返す。心に浮んでくるさまざまな思いやはからいを捨てるよう心掛けながら、「山のように動かずに座る」。これが坐禅の方法である。

道元が記した（正しい）坐禅の方法は、だいたいこのようなものである。現代社会のなかで一般の人向けに行われる坐禅では、衣（袈裟）や坐蒲などについては、もちろんさほどこだわることなく行われる。また、足の組み方も、必ずしもこのように厳格に行う必要はないと教えられることが多い。

坐禅の重要な要素は、「調身、調息、調心」とよく言われるが、この道元の教えはとくに、身体の調え方（調身）についてくわしく説かれていると言えるかもしれない。それは、やはりこの三つの要素のなかでも、坐禅では「身体を調えること」が何よりもまず根本的に大切なことだからだろう。

調息（呼吸の調え方）については、これ以外に、数を数える「数息観《すそくかん》」という方法が教えられることも多い。これは、息を吐いて一（ひとーつ）と数え、息を吸って戻ったら、それを十まで繰り返しながら（数え方と呼吸が逆のこともある）、呼吸を数えることによって意識の集中をはかり、呼吸を深くする方法である。この方法は坐禅において必ず行われるというものではなく、それを否定する人もあるようだが、調息を正しく行う助けとして推奨されるものである。

ただ、要はやはり、道元によってただ短く一言で説かれていたように、「腹のなかの気を吐き出す」（下腹に意識を集めて呼吸をする）ということにつきるのだろう。また、調心についても、まず第一に調身、調息がしっかりと正しく行われるならば、おのずともたらされるものと考えられ、くわしく説かれていないのも理由があってのことと考えられる。

坐禅は、言うまでもなく、座って行われるものだが、現代では椅子に腰掛けて行われる椅子禅、あおむけになって行われる仰臥禅、立ったままで行われる立禅などという言葉もあり、現代社会における坐禅はかなり自由に行われている姿も見られる。

2. ヴィパッサナ瞑想（マインドフルネス・メディテーション）

坐禅はインドから中国を経てきた仏教の伝来とともに伝えられたものだが、ここで述べる「ヴィパッサナ瞑想」とは、それとは別のルートをたどり、スリランカやタイ、ミャンマー、カンボジアなど、主として東南アジア諸国に広まっていったテーラワーダ（上座部）仏教と呼ばれる伝統のなかで伝えられたものである。「ヴィパッサナ」とは、原始仏教が伝えられたパーリ語の言葉で、すべての現象をありのままに「観る」という意味である。

この瞑想を二番目に取り上げるのは、近年の西洋諸国、とくにアメリカにおいて比較的ポピュラーになってきている状況があり、英語で「インサイト（洞察）・メディテーション」ないし「マインドフルネス・メディテーション」などとも呼ばれ、最近では医療現場などでも心理療法として使われる姿が見られるようになり、西洋の心理学用語としても定着するようになってきたからである。

そのため、ここでの紹介は、東南アジア諸国などの仏教修行のなかで行われているヴィパッサナ瞑想そのものではなく、現在アメリカで「マインドフルネス瞑想」として行われている一般的なものを簡単に紹介してみることにしたい。

「マインドフルネス瞑想」では、先の坐禅のように、座る姿勢などについて厳格な決まりはなく、本人が楽な姿勢を選んで行われることが多い。ただし、座る場合には、背筋をまっすぐに伸ばし、肩を落として、力を抜くようにする。目を閉じるかどうかについても同じように、本人が気持ち良いと感じる方法を取ればよい。

そしてまず、息を吸い込んだときにおなかが静かにふくらみ、息を吐いたときは引っこむのを感じながら、腹部に、そして呼吸に注意を集中していく（腹が膨らんでくるたびに、また、引っこむたびに、「膨らんでいる、膨らんでいる」、「引っこんでいる」「引っこんでいる」と心のなかで念じる、という方法を使うこともある）。

これを続けていくと、腹部に注意を向けた自分の心がさまざまなところに向かっているのに気がつくだろう。そんな時には、つまり、自分の心が呼吸から離れたことに気がついたら、そのたびに呼吸から注意をそらせたものは何かを確認して、また静かに腹部に注意を戻し、息が出たり入ったりするのを感じとるようにする。

これを繰り返しながら、心が呼吸から離れてほかのことを考え始めるたびに、呼吸に注意を引き戻す。そして、どんなことに気をとられようとも、そのたびに注意をまた呼吸に戻すようにする。注意を集中している瞬間瞬間、そこにわいてくる思いや感じに気をつけ、ただそれらを観察するようにするのである（「考えている、考えている」など、そのつど心のなかで念じるという方法も時に推奨される）。

そして、ある程度の時間、呼吸に注意を集中する自信がついたら、今度は、心のなかの考えや思いのプロセス自体に意識を向けてみる。呼吸から離れ、浮かんでくる思いや考えに注意を向けて、ひたすら観察し、そうした思いや考えを心のなかのできごととして感じとるように。

一度離れていった思いがまた戻ってくる場合があれば、そういう時は、どんなふうに戻ってくるのかに注意する。

何かをどん欲に求めたり、切望したり、手に入れたいと思ったり、執着したり、といった想い・怒ったり、嫌ったり、憎んだり、嫌悪したり、拒否したりといった想いに注意する。そして、一つひとつの思いに関連して生じてくる気持ちに注意してみる。

これまでのすべての想いが過ぎ去ったら、また呼吸に注意を戻す。意識を完全に解放し、意識の領域に入ってきたものはすべて受け入れ、去っていくものは去るにまかせ、それをじっと観察する練習を続けていくことが、この瞑想のエッセンスである。

基本的には、ルーツは同一なのだから、先にあげた坐禅との違いが大きくあるわけではないはずだ。しかし、この瞑想法は、あえて坐禅と比べて違いを拾い上げてみるとすれば、「ヴィパッサナ」という言葉の意味が示す通り、「観る」、あるいは「観察する」という要素、つまり先にあげた道元の教示だけではやや乏しいようにも感じられた「調心」の側面が具体的な指示になって強調されていると捉えることもできる。

時に坐禅が「わかりにくく、むずかしい」と言われるのに比べ、内面の作業の方法が比較的具体的に示される点で、「わかりやすく、やさしい」と評されることもあり、そうした側面がアメリカなどでは広がりをもち出している一つの要素になっているように思われる。

3. チベットの瞑想

仏教がインドに発祥して以来、世界各地に広がっていったことは周知のことである。すでに述べた坐禅や、ヴィッパサナ瞑想の伝統もそうだが、仏教のなかで瞑想実践は欠かすことのできないもっとも重要な修行法として各地に伝えられてきたものである。チベットに伝わった仏教においても、それは同じことは言うまでもない。

現在、チベット仏教の活動は、ダライ・ラマへの人気も手伝って、欧米諸国を中心に世界的規模で広がりを見せるようになっている。日本ではまださほど大きなものではないようだが、西洋社会では、チベット仏教に伝わる瞑想を実践する人々の数はかなり増えてきているようである。

チベットの瞑想を別に述べようとするのは、他の仏教伝統とは違って、瞑想のなかで具体的な内容が心のなかにイメージされるよう、詳しい教示が与えられるものが数々実践されるからである。チベットには、たとえば坐禅などではまったく指導されないような（むしろ瞑想の妨げになるとさえ言われる）特定の対象やイメージを数々利用した瞑想法がさまざまに存在している。

特定の対象に意識を集中させるという点を考えると、ヴィパッサナ瞑想では呼吸に、TMではマントラに意識を集中させると言えるかもしれないが、チベットの瞑想においては、さまざまな具体的対象物やイメージが積極的に利用され、数々のタイプの瞑想が行われるのである。

実際それらの数は無数にあるとも言え、とても一つにまとめて簡単に説明できるようなものではない。そのためここでは、チベット瞑想の特徴がつかみやすい架空の例を作り、具体的に示してみることにした（ただし、これはあくまでも、多様なチベット瞑想のほんの一端を取りあげたものにすぎず、ただその雰囲気をつかんでみるという目的だけで示していることをご理解いただきたい）。

まず、心身をくつろがせ、呼吸に注意深く気を配りながら、意識をいま・ここに合わせます。そして意識に登ってくる思考や感情に注意して、瞑想を行うための動機をしっかりと心に思い起こす。

すべての空間が人々で満たされ、自分を取り巻くように座っており、それが地平線のはるか彼方まで続いていると想像する。まず最初は、両親、そして親しい人たち、愛する人、それから、嫌いな人々や心を傷つけられたことのある人々に思いを向けてみる。自分と同じように、彼らもみな、そこに座っているのをありありと感じとるように。

そして次に、あなたの愛をすべての人々に注いでいく。暖かく柔らかく光輝くエネルギーが身体から放たれ、まわりの人々を満たしていく様子をイメージしながら、あらゆる存在が苦しみから自由になり、幸福であるようにと祈る。

そして、観想に入る。頭の上に、前方を向いた観世音菩薩を思い描いてみる。観世音菩薩は、さえぎるもののない純粋な慈悲、愛、そして智慧の化身である。その身体は白色の光から成り、透明に輝いている。観世音菩薩が実際にそこにいることをありありと感じるようにする。

観世音菩薩は穏やかに微笑みながら、あなたとそのまわりの一切の者に愛を放っている。その身には優雅な絹をまとい、無数の宝石。腕は四本あり、胸の前で合掌した二本の手の間には、あらゆる願いをかなえる宝石（如意宝珠）が。そして、肩の高さに上げられたもう二本の手が水晶の数珠と白い蓮の花をそれぞれ持っている。

この観想が安定したものになるまで、そのイメージの上に意識を保ち続ける。リラックスした状態で、観世音菩薩の穏やかな愛のエネルギーに身も心も開く。

そして今度は、誤った観念や否定的エネルギーを克服し、一切衆生に対する純粋な愛と慈悲を深めていこうと、心から祈る。いまあなたは自分自身の真の本性、最高の可能性に触れている。そのことを実感してみるように。

この願いに応えて観世音菩薩は、あなたに向けて優しく光を放ち、それによって身体の細胞がくまなく光に満たされた状態となる。その光は、悩みや過ちの一切を浄化し、あなたは観世界音菩薩の限りない愛と慈悲にすっかり包み込まれる。いまや身体は至福にあふれて軽やかであり、心は穏やかに澄みわたった状態となっている。

観世音菩薩が白い光に溶けて、あなたの頭頂から胸の中心へと降りてくるよう観想する。そのとき、あなたの心と観世音菩薩の心は一体となり、完全なる平安と歓びがもたらされる。

この感覚をできるだけ長い間保つように努める。日常的な「私」という感覚が生じてきたら、それは本来の自己ではないと考え、観世音菩薩の心――尽きせぬ愛と慈悲――と一体化したこの体験にひたすら意識を戻すようにする。

最後に、この瞑想によって生じたエネルギーを、生きとし生ける一切の者の幸福へと捧げる。

ここに述べた瞑想の前半の部分は、前に述べたテーラワーダ仏教のなかでもメッタ

（慈悲）の瞑想と呼ばれ行われるものだが、便宜上、ヴィパッサナ瞑想とは分けてここで紹介することにした。

4. TM瞑想（超越瞑想）

TMとは、英語のトランセンデンタル・メディテーション（Transcendental Meditation）の略語であり、わが国では「超越瞑想」と訳されている。この瞑想は、インドのマハリシ・マヘッシ・ヨーギという創始者によって、一九五八年に世界に紹介されたものだが、以来、とくに西洋諸国において非常に広範囲に普及した。現在では世界一四〇カ国以上に広がり、約三五〇万人が実践していると言われている。

ここに取り上げる理由も、こうした西洋社会への大規模な広がりが見られるからだが、それ以外にも、とくにTMの場合は、それが心身に及ぼす効果を探ろうとする科学的研究がもっとも豊富に行われてきたという点で現代における意義の大きなものだからである。

先にヴィッパサナ瞑想がアメリカで広がりつつあると書いたが、瞑想に関する科学的研究論文の数は、いまもTMに関するものがもっとも多く、世界的規模で見て、一般での実践者の数ももっとも多いものだろう。

ＴＭの実践は、組織化された指導機関で資格を得た教師たちによって、個人指導を中心になされるものとされており、具体的な方法については広く公開されないので、ここでくわしく紹介することはできないのだが、実践者それぞれに適当とされる「マントラ」と呼ばれる特定の「想念」あるいは「音」が選ばれ、それを心のなかで繰り返し経験していくことが特徴と考えられる。瞑想を行う際の身体の姿勢などに関しては、特別の決まりはなく、本人が心地よく感じられる姿勢で行い、場所も、オフィスであろうと、自宅であろうと、どのような場所でもよいとされている。

5. ヨーガ

ヨーガは、いまでは各所に「ヨーガ教室」といったものが見られ、一般社会のなかでかなりポピュラーになっているため、インド伝来の一種の健康法のように思っている人もいるかもしれない。しかし、歴史的に見てそれは、あらゆる瞑想のルーツという見方も成り立つような、人類にもっとも古くから伝承されてきた瞑想の体系的伝統と言うこともできる。

現代社会のなかで一般的にヨーガと思われているものは、さまざまな身体の体位法（アーサナ）をとって行われるものだろう。これは、歴史的には、数千年の長い歴史を経て伝えられ実践されてきた古典ヨーガの後に出現してきた「ハタ・ヨーガ」と呼ばれるものである。ハタ（Hatha）とは力という意味で、強い意志と肉体的修練によって心を統御するという意味をもつ。これに対して従来の古典ヨーガは、「ラージャ・ヨーガ（王のヨーガ）」と呼ばれている。

瞑想というものを考えようとするなら、これまで述べてきたようなあらゆる瞑想伝統の起源とも言うべき、この古典ヨーガを無視するわけにはいかない。しかし、もとより「ラージャ・ヨーガのやり方」といったものが簡単に示せるわけでもないので、ここでは、瞑想伝統というものを理解するために知っておくべき基礎知識として、ごく簡単にヨーガ一般についての説明を加えておくことにしたい。

まず、ヨーガの起源についてだが、これは正確にはわかっていないようだ。だが、紀元前二三五〇年から一七五〇年ころのおよそ六百年間栄えたインダス文明の遺品のなかに、すでにヨーガの行法を示唆するものが認められるため、その時代までさかのぼれるとする研究者もいる。

ヨーガという言葉は、本来はサンスクリット語のユジュ（^yuj）（「繋ぐ」）という言葉から派生した「調整する」「結合する」「合一する」などという意味で、インドに残る人類最古の文献とも言われる『ウパニシャッド』のなかには、心作用の統一・制御という哲学的な意味が与えられ、至福の境地あるいは解脱に達するための手段としての修行体系がすでに記述されている。そして、紀元四、五世紀ごろまでに、それまで伝えられ広まってきたヨーガの論理や修行のテクニックが、パタンジャリという作者の手によって『ヨーガ・スートラ』という教典になって集大成され、ヨーガの行法体系が確立されるようになった。

『ヨーガ・スートラ』では、「心の諸作用の止滅」を主目的に、修行の階梯が八部門に分けられている。それらは順に挙げると、まず、修行者の道徳的心がまえである「禁戒（ヤマ）」、その宗教的心得である「勧戒（ニヤマ）」、身体を安定させる方法「座法（アーサナ）」、呼吸や気（プラーナ）を調える「調息（プラーナーヤーマ）」、感覚器官の働きの制御「制感（プラティヤーハーラ）」が説かれる。これらはヨーガの外的部門と呼ばれ、いわば準備段階とされるものである。

そして、さらにその後には内的部門と呼ばれる三段階があり、心が特定の場所や対象に集中され固定する「凝念（ダーラナー）」、凝念によって心が一点に集中し、その心に描かれた想念が継続する状態「静慮（ディヤーナ）」、静慮において想起された対象のみが輝いて、心それ自体は空になったかのような境地「三昧（サマーディ）」という段階が説かれている。

本書がテーマにする「瞑想」という概念を考えると、狭い意味ではこの後半の内的部門である三段階がそれに相当すると言ってよいかもしれないのだが、数千年の歴史を通して伝承され培われてきたこの壮大な体系を見ると、本書が依って立つような現代的な視点が、そう簡単には入り込めないほどの重みが伝わってくる。

しかし、このことは、これまで述べてきた坐禅やヴィパッサナ瞑想についてもまったく同じである。本書は、すでに述べたように、あくまでも現代社会に「瞑想」が広まりつつある状況というものを背景にして、そこから「瞑想」の意義を考えてみようとするものだ。古典ヨーガやヨーガの歴史的伝統などについてはあくまでも重要な基礎知識として、これくらいの記述にとどめておくことにしたい。

6．その他の瞑想伝統

これまで挙げてきたものはすべてが、いわゆる「東洋」の伝統のなかで伝承されてきたものである。実際、現代の西洋社会においても瞑想と言えばこれら東洋の伝統を指して使われるのがふつうである。しかしだからと言って、瞑想というものが東洋のものに限るといった印象が与えられるとすれば、それは間違っている。西洋の伝統にも瞑想と呼べるようなものは数々存在しているからである。

たとえば、キリスト教の伝統のなかに残されたいくつかの書物には、瞑想的な修行法がしっかり息づいていたことが示されている（例として、一四世紀に書かれた作者不明の『未知の暗雲』、ウォルター・ヒルトンの『完全な階段』、十字架の聖ヨハネによる『魂の暗夜』、アヴィラの聖テレサによる『内なる城』などといった文献）。

また、ユダヤ教の場合にも、その分派であるハシディズムの伝統のなかで、瞑想は非常に重要視されており、イスラム教の関連でも、スーフィーと呼ばれる神秘主義的伝統のなかには、瞑想的な実践を行う方法が豊富に存在している。

ただ、そうした西洋世界のなかの瞑想伝統は、仏教の場合に見られるように、その伝統のなかで不可欠のもっとも重要なものという位置づけが与えられなかったためか、あるいは、異端、邪教、秘教、神秘主義などの名のもとに、社会から完全に排除されてきたためか、いつしか価値を薄められ、ともすれば忘れ去られかねないものにまでなっていたようである。

つまり、瞑想という実践は、いま挙げたように西洋でも歴史のなかに確実に存在していたのだが、決して多くの人々に広く知られてはこなかった。西洋の一般の人々に瞑想というものが知られるようになったのは、今世紀になって東洋の種々の瞑想伝統が流入してからなのである。

しかし、現代になってはじまったこのような流れのなかで、いま西洋社会のなかには、自分たち自身の足元に存在し、行われてきた瞑想実践の伝統に、積極的に目を向け、それらを見直し、復興させようという動きも起きはじめている。

瞑想に対する興味の増大は、このような現代の西洋文化に起こりつつある流れを中心にして、世界的規模で精神文化の伝統を見直そうとする動きとなって広がってきているとも言えるようである。

あとがき

筆者は「ZEN心理療法の専門家」ではない。誰に対してもZEN心理療法を勧めるわけでもないし、いつもそれを行っているというわけでもない。一精神科医として、患者さんやクライアントにもし適応があれば、その応用を積極的に考える姿勢をもっているだけである。

本書は、将来その「専門家」の方々が増えることも願って書いたものではある。それは心理療法家でありながら禅僧でもあるような人になるのか、またその逆もありうるかもしれないが、そのような人ということになるのだろうか（もっとも、「資格」が問題というわけではもとよりないのだが）。

いずれにしても、現在心理療法に携わっている方々や関心をお持ちの方々に、何らかの刺激や視野が広がるきっかけを掴んでいただけるものになれば幸いである。また、禅ないし禅宗の伝統におられる方々には、本格的な禅修行はもちろん保ちながら、より広く社会での禅の応用に目を広げていただけるようになればと願っている。

〝ZEN〟は「禅」の素晴らしさを再認識するためにある言葉である。本書の最大の目的はそのことにある。しかし〝ZEN〟はもはや「禅」ではなく、このいまの時代に生まれたものとして、従来にはなかった現代的な意義を数々もっている。その点を活かして、今後の社会とのつながりを積極的に模索してみたいと考えてきたのである。

＊＊＊

本書はもともと、「トランスパーソナル療法」に関するものを一般の方々向けに、という出版社からの依頼に応じたものだった。しかしながら、「トランスパーソナル」という概念はやはり（現状では）、学問的研究領域としての意味が何よりも重要と筆者は考えている。

とくに日本の場合、この領域の現状は、未だ玉石混淆と言わねばならず、いまの国内での状況を鑑みれば、とりわけ慎重な配慮が要請されると思うからである。「トランスパーソナル」という非常に幅広い概念に、「療法」という言葉を安易に付け加えることには、責任の重大さがまずもっと意識される必要があろう。

というのも、本書の執筆依頼は、実はそのような風潮を危惧して、シリーズ刊行の責任者のお一人から、ご指名をいただいたものだったからだ。折角の重要な分野であるから、現状に見られるような浅薄なものでなく、しっかりとしたものを書いてほしいという依頼だったのである。

本書を見て頂ければお分かり頂けると思うのだが、現代の心理療法には、「スピリチュアリティ」という言葉を鍵概念として、「宗教」との接点でさまざまに模索を続けている状況がある。心理療法というものは、本来、「宗教」という領域においてなされてきたのであるから、それは当然の帰結でもあろう。ただし現代では、この「宗教」という用語には一度線を引いて、その上で新しい視点からアプローチしてゆく必要がある。

科学の時代をいったん通り抜け、その時代進展ゆえに浮き上がってきた問題であることを、しっかり認識してかかることが重要なのである。その視点を保てるならば、この分野での実践や研究は、現代だからこそ可能になったもの、そして現代であるからこそ必要とされているものとして、非常に重要な努力であると考えている。

「トランスパーソナル」という言葉は、この態度をもって「学問」として生まれてきたことに第一の意義がある。だが、そこに登場してきた「スピリチュアリティ」や「トランスパーソナル」という概念には、その言葉を使うだけで、そこに大きな危険性（心理学的には「自我肥大」を起こさせてしまう危険）が潜んでいることに注意しておかねばならない。

とくに、単に西洋のある新しい心理療法を短期間勉強しただけで、あるいはそうした本の翻訳を行っただけで、「新しいセラピー」の専門家と称して、著書などを次々と書いてしまうような人もあるのをみると、「トランスパーソナル」という言葉は、やはりまだまだ研究に重点が置かれてほしいという思いを強くする。そのような著作を見るたびに、この点には、改めて――自戒を込めて――強く認識する必要性を感じざるを得ないのである。

まずは、「専門家」とは言わずとも（資格のことではない）、臨床経験を十分に積んだ人が、あくまでも試験的な態度で慎重に行いながら、真摯に実践を積み重ねて行くことが求められているであろう。そこでは、研究的視点を忘れることなく、その分野の研究成果をよく理解した上で行われてゆくことを期待している。

本書の場合も、この点でまだまだきわめて試験的なものであり、準備不足も否めないかもしれない。治療経験や事例の公表は、長い間学会誌などの研究論文以外では躊躇ってきた。しかし、いま述べた日本の現状にも目を配り、あえて書いてみることにしたのである。

今後、この分野の治療的実践などに関わる方々には、是非とも学会などを通して地道な研究努力の重要性を理解して頂き、研究活動にもご参加いただけるよう願っている（「日本トランスパーソナル心理学／精神医学会」http://wwwsoc.nacsis.ac.jp/jatp/）。研究的視点の意義を理解しておくことによって、治療実践にも慎重さがもたらされるはずである。逆に言えば、それがないと危険なこともあるということだ。

＊＊＊

わが国の「禅」は、古くから、宗教としての役割を越えて社会的に大きな影響を与えてきた歴史をもっている。鎌倉時代の政治的統率者や武士に対して与えてきた影響力は言うまでもないが、現代になっても時に、著名な政治家、財界人、スポーツ選手たちが参禅し、精神的な指針や自己洞察を得るために活かされてきた姿が認められる。

第二次大戦への政治的荷担の問題などもあって、そうした習慣が影を潜めたという側面もあるようだ。しかし、禅に対する評価が衰微したのは、根本的には、高度経済成長と呼ばれた物質文明の華々しい成功の道程のなかで、人々の目が精神的あるいは内面的な問題を軽んじてきた一般的な傾向が大きいにちがいない。禅は、その道行きの中で、「宗教」という狭い枠組みのなかに封じ込まれ、歴史的に多大な役割を担ってきた意義を失ってきたようにも見受けられる。

禅の伝統の方にも（一般社会から見ればであるが）問題があったのかもしれない。かの夏目漱石もまた、その苦悩を背負って、鎌倉円覚寺を訪れ、参禅した経験をもったことは有名な話であるが、（すでに形式化した）禅は、その期待に応えるような柔軟性を失っていたとも評されている。

しかしこの期待、すなわち「生きる意味を求める自己の探究」は、さまざまなレベルで、いまでも社会のなかに存在しているであろう。いやそれはむしろ、かつてないほど大きく膨れ上がってきているのではないか。その期待が禅に向けられることはもはやないままにきたわけだが、むしろ現代社会のなかには、漱石が背負ってしまったような大きな苦悩に共通するものが、ますます大きく渦を巻いているように思われる。複雑な精神的問題がそこかしこで噴出するありさまを見て、現代社会自体がその方向を見誤り、大きな歪みを抱えているのではないかと危惧するのは、ごく自然な感性であろう。

筆者が身近に関わる例を挙げるなら、「ひきこもり」「リストカット」「拒食症・過食症」「心身症」「家庭内暴力」「児童虐待」など、それらは決して特殊なケースではなくなっている。私たち精神科医は、それらの問題に個別に関わりながら「治療」という営みを続けて行く立場にあるのだが、もはやそれらは個人個人の内面と向き合うだけでは無力な、それを遙かに越えた問題であるという感を否めない。

彼らはこの現代社会自体がはらむ問題のなかで押しつぶされそうになり、悲痛な叫びを上げている繊細で敏感な人々であり、私たちの社会に警告を与えてくれている存在であるかのように見えてくる。人間の心は、決して皮膚に閉ざされた一個の人間のなかにあるものではないからである。

彼らはそれに気づかせてくれる一種の窓口であって、その先には途方もなく巨大で深い問題が蔓延しているのではないか。まるで現代都市の（表面の）清楚で整然とした姿の影で、世界中にグロテスクな環境破壊が秘かに進行しているように。そしてまた先進諸国の（表面的な）豊かな繁栄の影で、世界中にテロという深刻な暴力的攻撃性が網の目をくぐり抜けて広がっているように。

＊＊＊

漱石の例を挙げたが、そこで求められ、なされたことは、現代の言葉を使えば、

「カウンセリング」や「心理療法」と呼ばれるものと共通するものであろう。禅僧になろうとして得度し、修行に身を投じるために訪れたわけではなかったのだから（漱石は晩年は「道に入る」という決意を固めていたようだが）。

詳しく知っているわけではないが、昭和の時代、京都の大徳寺などを訪れる政財界のリーダーたちのことや、V9時代の川上哲治元巨人軍監督のことなどは有名な話である。時代が現代に近づくと、禅の「老師」の「権威」的人間関係自体が色濃く有効に作用している面もあるように思える（心理学的視点から考えれば、このことも非常に重要な研究課題かもしれない）。しかし古くは、北条時宗が師事した無学祖元、織田信長がつねに助言を求めていた沢彦《たくげん》禅僧、柳生宗則と沢庵禅師との関係なども、よく知られている。戦国の武将と禅僧との関係には権威的上下関係においては微妙なものが認められるとすれば、むしろ今の時代にはより参考になる点もあるのかもしれない。それらには（まったく重なるわけではないが）、現代にあっては「カウンセリング」や「心理療法」と呼ばれるものに通ずる要素を見ることができるように思われるからである。

日本人の精神的支柱として大切に守られてきたものを、私たち現代人は、長きに渡り無視し続けてきたのではないだろうか。その代償が現代社会に噴き出している面もあるとするなら、現代人はもうそこから逃げているわけには行かないはずだ。私たちは、それに正面から向き合いながら、「個の時代」の感性で、自分たち一人ひとりが、自分のための心理療法を行って行かなければならない。

そうした問題意識にいち早く気づいたのが西洋人たちである。善し悪しは別として、この現代社会をつねに先頭を切って突き進んできたのが彼らなのだから、それは当然のことである。

「禅」は、そこで、彼らの目によって再発見されたのだ。〝ZEN〟という言葉には、そのような「時代からの期待」が強く込められているのである。

現在の日本で、ZENのすぐれた意義が社会とつながって利用されるようになるには、何よりもやはり、その「宗教」という色合い、あるいは「宗教」になってしまった組織的人間関係のあり方が払拭されてゆくことが必要になるだろう。西洋におけるZENの社会への広がりには、それが可能であることが示されているし、そのような応用が広がることを期待している。日本にもすでにその時代は到来していると筆者は考える。

言うまでもないが、禅宗の長き伝統が守られてきたことには、深く敬意を抱く者である。ZENがこれからの社会のさまざまな場面で、少しでも広がっていくための一助になればと、ささやかな祈りの時間のなかで、筆を置くことにしたい。

最後になってしまったが、本書執筆の機縁を与えていただきました帝京大学教授・伊藤隆二先生、ならびに丁寧に編集の手を加えていただきました駿河台出版社の石田和男氏に、心より深く感謝申し上げます。〔本書の内容の一部は、「文部科学省学術フロンティア推進事業」（平成十四年〜十八年）研究の一環としてなされたものである〕

京都にて　　　　　　　　　　安藤　治

Shambhala, Boston and New York, 2000.
⒄吉田敦彦。世界に広がるホリスティック教育。日本ホリスティック教育協会（中川吉晴・金田卓也編）『ホリスティック教育ガイドブック』せせらぎ出版、10－13、2003年。

(95) Suzuki, D.T., From, E., Martino, R,D. Zen Buddhism and Psychoanalysis. Harper&Brothers, 1960.（『禅と精神分析』小堀・佐藤ほか訳、東京創元社、1960年）

(96)植木雅俊『マザー・テレサと菩薩の精神――仏教の倫理観を求めて』中外日報社、1997年。

(97) Vaughan, F. Transpersonal Perspectives in Psychotherapy. Journal of Humanistic Psychology, vol.17, No.2, Spring, 69-81, 1977.

(98) Vella-Brodrick DA., Allen FCL. Development and psychometric validation of the Mental, Physical, and Spiritual Well-being Scale. Psychol Rep 77, 659-674, 1995.

(99) Walley, M.R. Applications in Mental Health Care. In Beyond Therapy. Claxton, G.(Ed). Wisdom Publications, London, 1986.

(100) Walsh. R. The Ten Perfections: Qualities of the Fully Enlightened Individual as Described in Buddhist Psychology. in Beyond Health and Normality : Explorations of Exceptional

(101) Walsh, R. Staying Alive : Psychology of Human Survival. Shambhala, 1987.

(102) Walsh, R., Vaughan, F.(ed). Path beyond Ego. J.P. Tarcher, 1994.

(103) Waterman, A. Individual and Interdependence. American Psychologist, 36, 762-773, 1981.

(104) Watts, A. Psychotherapy East and West. Pantheon Books, 1961.（『心理療法　東と西』滝野功訳、誠信書房、1985年）

(105) Weber, M.『資本主義の倫理とプロテスタンティズムの精神』大塚久雄訳、岩波文庫、1989年。

(106) Wellwood, J. Toward a Psychology of Awakening : Buddhism, Psychotherapy, and the Path of Personal and Spiritual Transformation,

(86) Shapiro, D.H., Zifferblatt, S.M. An applied Clinical Combination of Zen Meditation and Behavioral Self-control Strategies: Reducing Methadone Dosage in Drug Abuse. Behavior Therapy, 7, 694-695, 1976.

(87) Shapiro, D.H. Zen Meditation and Behavioral Self-control Strategies applied to a case of generalized Anxiety. Psychologia, 9(3) : 134-138, 1976.

(88) Shapiro, D.H. Zen Meditation: Self-regulation Strategy and Altered Consciousness. New York, Aldine, 1980.

(89) Shapiro, D.H. Overview : Clinical and Physiological Comparison of Meditation with other Self-control Strategies. Am. J. Psychiatry. 139(3), 267-274, 1982.

(90) Siegel,B.S. Peace, Love & Healing: Bodymind communication and the Path to Self-Healing. Harper Collins, 1989.（『シーゲル博士の心の健康法』新潮文庫、1993年）

(91) Simonton, C. Getting Well Again. J.P. Tarcher, Los Angeles, 1978.（『ガンのセルフ・コントロール――サイモントン療法の理論と実際』近藤裕監訳、創元社、1982年）

(92) Speca, M., Carlson,L., Goodey,E., Angen,M A randomized ait-list controlled clinical trial : The effect of a mindfullness meditation-based stress reduction program on mood and symptoms of stress in cancer outpatients. Psychosomatic Medicine. 62, 613-622, 2000.

(93) Stiles, W.B., Shapiro, D.A., Elliot, R. “Are All Psychotherapies Equal?” in American Psychologist. February 1986.

(94) Stroebel, C., Glueck, B., Passive Meditation: Subjective and Clinical comparison with Biofeedback. In G. Schwartz, D.Shapiro(ed.), Consciousness and Self-regulation. New York : Plenum, 1977.

ティおよび対人関係の理論」伊東博訳編『パースナリティ理論（ロジャーズ全集第8巻）』岩崎学術出版社、1967年。

(77) Roth B. Creaser T. Mindfullness meditation-based stress reduction: experience with a bilingual inner-city program. Nurse Practioner. 22(3), 150-2, 1997.

(78) Salkovskis, P.M. JONES,D.R. Respiratory Control in the Treatment of Panic Attacks : Replication and Extension with Concurrent Measurement of Behavior and pCO2. British J. Psychiatry, 148(526-532), 1986.

(79) Schuyler, D. A Practical Guide to Cognitive Therapy. W.W. Norton New York, 1991.（『シューラーの認知療法入門』高橋祥友訳、金剛出版、1991年）

(80) Shepard, P. Nature and Madness. San Francisco: Sierra Club Books, 1982.

(81) Scotton, B.W., Chinen, A.B., Battista, J.R.(ed.) Textbook of Transpersonal Psychiatry and Psychology. Basic Books, New York, 1996.（『テキスト／トランスパーソナル心理学・精神医学』安藤・池沢・是恒訳、日本評論社、1999年）

(82) Shafii, M. Adaptive and Therapeutic Aspects of Meditation. Int. J. Psychoanal., 54, 431-43, 1973.

(83) Shafii, M., Lavel, R., Jaffe, T. Meditation and the Prevention of Alchohol abuse. Am. J. Psychiatry., 132, 942-945, 1975.

(84) Shafranske E.P., Gorsuch R.L. Factors associated with the Perception of Spirituality in Psychotherapy. Journal of Transpersonal Psychology, Vol.16(2), 1984.

(85) Shapiro, D.H., Zifferblatt. Zen Meditation and Behavioral Self-control : Similarities, Differences, and Clinical Applications. Am. Psychologist, 31, 519-32, 1976.

(67) Murphy, M., Donovan, S. The Physical and Psychological Effects of Meditation. Esalen Institute, 1988.

(68) Naess,A. Self-Realization : An Ecological Approach to Being in the World. The Trumpeter 4(3), 35-42, 1987.

(69) 中川吉晴「瞑想」日本ホリスティック教育協会（中川吉晴・金田卓也編）『ホリスティック教育ガイドブック』せせらぎ出版、236－239、2003年。

(70) 中里至正・松井洋（編著）『異質な日本の若者たち――世界の中高生の思いやり意識』ブレーン出版、1997年。

(71) 西村惠信『己事究明の思想と方法』法藏館、1983年。

(72) Noble, K.D. Psychological Health and the Experience of Transcendence. The Counseling Psychologist, 15, 601-14, 1987.

(73) Perls, F. Gestalt Therapy Verbatim. Lafayette, Calif. REal People Press, 124, 1969.

(74) Perls.F.S. The Gestalt approach and Eye Witness to Therapy. Science and Behavior Books Inc., 1973.（『ゲシュタルト療法』倉戸ヨシヤ監訳、ナカニシヤ出版、1990年）

(75) Rogers,C.R. The Necessary and Sufficient Conditions of Therapeutic Personality Change. In Journal of Consulting Psychology. 21, 95-103, 1957.（「パースナリティ変化の必要にして十分な条件」伊藤博編訳『サイコセラピーの過程（ロジャーズ全集第4巻）』岩崎学術出版、1966年）

(76) Rogers, C.R. A Theory of Therapy, Personality and Interpersonal Relationships as developed in the Client Centered Framework. In Koch, S.(ed). Psychology : A Study of Science. Vol.」, McGraw-HIll, 1959.（「クライエント中心療法の立場から発展したセラピー、パースナリ

Kobe, Japan 2004.
(57) Kennedy, R. Self-induced Depersonalization Syndrome, Am. J. Psychiatry, 133(11), 1326-1328, 1976.
(58) Kutz, I., Borysenko, J.Z., Benson, H. Meditation and Psychotherapy : A Rationale for the Integration of Dynamic Psychotherapy, Am J. Psychiatry. 142, 1-8, 1985.
(59) Kutz, I., Borysenko,J.Z., Benson,H. Meditation as an Adjunct to Psychotherapy : An Outcome Study, Psychother. Psychosom. 43, 209-218, 1985.
(60) Lander,L. The Lost Art of Compassion : Discovering the Practice of Happiness in the Meeting of Buddhism and Psychology. HarperSanFrancisco, 2004.
(61) Levine, S. Healing into Life and Death. Double day, NY, 1987.（『癒された死』高橋裕子訳、VOICE, 1993.）
(62) Lowen, A. : Bioenergetics, Penguin, NY, 1976（『バイオエナジェティックス』菅靖彦、国永史子訳、春秋社、東京、1994年）
(63) Maslow. A.H. Toward a Psychology of Being.(2nd ed.). Prinston: Van Nostrand, 1968.（『完全なる人間』上田吉一訳、誠信書房、1964年）
(64) Maslow, A.H. The Further reaches of Human Nature. Viking Press, 1971.（『人間性の最高価値』上田吉一訳、誠信書房、1973年）
(65) McDonald, K. How to Meditate. Wisdom Publications, 1984.（『チベットメディテーション——チベット仏教の瞑想法』ペマ・ギャルポ・鹿子木大士郎訳、日中出版、1992年）
(66) Murphy, M., Donovan, S. Contemporary Meditation Research ; A Summary of the Field with a Bibliograpy of 926 Entries, The Esalen Institute Transformation Project, San Francisco, 1985.

ーカシング』村山・都留・村瀬訳、福村出版、1982年）
(47) Girodo, M. Yoga Meditation and Flooding in the Treatment of Anxiety Neurosis. J. Behav. Ther.& Exp. Vol.5 (157-160), 1974.
(48) Habermas, J.『コミュニケーション的行為の理論』（上・中・下）河上・藤沢・丸山ほか訳、未来社、1985－87年）
(49) Heath. H. The Maturing Person. in Beyond Health and Normality : Explorations of Exceptional Psychological Wellbeing. New York, Van Nostrand Reinhold, 1983.
(50) Jung, C.G.『無意識の心理』高橋義孝訳、人文書院、1977年。
(51) Kabat-Zinn, J. Full Catastrophe Living. Dell Publishing, NY, 1990.（『生命力がよみがえる瞑想健康法』春木豊訳、実務教育出版、1993年）
(52) Kabat-Zinn, J. Effectiveness of a Maditation-Based Stress Reduction Program in the Treatment of Anxiety Disorders. Am.J.Psychiatry 149, 7, 936-943, 1992.
(53) Kabat-Zinn, J. An Outpatient Program in Behavioral Medicine for Chronic Pain Patients Based on the Practice of Mindfullness Meditation: Theoretical Considerations and Preliminary Results, General Hospital Psychiatry 4, 33-47, 1982.
(54) Karasu TB. Spiritual psychotherapy. Am. J. Psychother. Spring 53(2), 143-62, 1999.
(55) Kass J., Friedman R., Lesserman J., et al. Health outcomes and a new Index of Spiritual Experience. J. Scientific study Religion. Vol.30, 203-211, 1991.
(56) Katsukura, R., Ito, Y. The Effect of Mindfullness Meditation(Zazen) to Depression : Evaluation by Metacognitive Awareness. World Congress of Behavioral and Cognitive Therapies 2004, Abstracts P117, July20-24,

Resistance in Meditation. J.Transpers. Psychol., 19(19-86), 1987.
(38) Einstein, A. Words in Goldstein, J. The Experience of Insight. Boulder, Colo., Shambhala, p126, 1983.
(39) Engler, J. Therapeutic Aims in Psychotherapy and Meditation. In Transformation of Consciousness. Wilber,K., Engler, J., Brown,D.,Eds. Shambala, Boston, 1986.
(40) Epstein, M., Lieff, J. Psychiatric Complications of Meditation Practice. In Transformation of Consciousness, Shambhala, Boston, 1986.
(41) Epstein, M. Meditative Transformations of Narcissism. J. Transpersonal Psychology. 118, 143-58, 1986.
(42) Epstein, M. Thought without a thinker: Psychotherapy from a Buddhist Perspectives. Basic Books, 1995.
(43) Fenichel, O. problems of Psychoanalytic technique. Psychoanalytic Quaterly. New York, 1941.（『精神分析技法の基本問題』安岡誉訳、金剛出版、1988年。
(44) Freud, S. Analysis of a phobia in a five-year old boy. In J. Strachey (Ed. and Trans.), The standard edition of the complete psychological works of Sigmund Freud. London : Hogarth Press, 1955.（原典は1909）。（「ある五歳児の恐怖症分析」『フロイト著作集５』高橋義孝ほか訳、人文書院、1969年。
(45) Freud, S. Recommendations to physicians practising psychoanalysis. In J. Strachey (Ed. and Trans.), The standard edition of the complete psychological works of Sigmund Freud. London : Hogarth Press, 1958（原典は1912）（「分析医に対する分析治療上の注意」『フロイト著作集９』小此木啓吾訳、人文書院、1983年。
(46) Gendlin, E. T. Focusing. Bantam Books, Inc., New York, 1981.（『フォ

Psychosocial Nursing, 25(6), 29-31, 1987.
(24) Bogart, G. The Use of Meditation in Psychotherapy: A Review of the Literature. Am.J.Psychotherapy, Vol.XLV(3), 383-412, 1991.
(25) Boorstein S. Transpersonal psychotherapy. Am. J. Psychother. Summer 54(3), 408-23, 2000.
(26) Bullis, R.K. Spirituality in Social Work Practice. Taylor & Francis, 1996.
(27) Cairns, A.B. Spirituality and religiosity in palliative care. Home Health Nurse. Vol.17(7), 450-5, 1999.
(28) Canda, E.R., Smith,E.D.(eds). Transpersonal Perspectives on Spirituality in Social Work. The Haworth Press, 2001.
(29) Carrington, P. Freedom in Medtation. New York : Doubleday, 1978.
(30) Chandler.J.P. Teachings of Mahatoma Gandhi. Lahore : The India Book Works, 375, 1945.
(31) Clark, D.M., Salkovskis, P.M. Respiratory Control as a Treatment for Panic Attacks. J.Behav. Ther.& Exp. Psychit. Vol 16(1), 23-30, 1985.
(32) Deikman, A.J. Experimental Meditation. J. Nervous and Mental Disease, 136, 329-343, 1963.
(33) Deikman, A.J. Deautomatization and the Mystic Experience. Psychiatry, 29, 324-88, 1966.
(34) Deikman, A. The Observing Self. Beacon Press, Boston, 1982.
(35) Delmonte, M.M. Meditation and anxiety reduction: a literature review. Clin. Psycho. Rev.5(91-102), 1985.
(36) Doka KJ. The spiritual needs of the dying. Doka KJ, Morgan JD(ed). Death and Spirituality, Baywood Publishing Company, New York, 143-150, 1993.
(37) Dubs, G. Psychospiritual Development in Zen Buddhism: A Study of

2001年。

⒀安藤治「心の時代と現代心理学」『ユング心理学と現代の危機』河出書房新社、2001年。

⒁安藤治「仏教への心理学的アプローチ」「トランスパーソナル心理学／精神医学」vol. 3(1)、1－8、2002年。

⒂安藤治・桝屋二郎・中村珠己・佐々木清志「実存的不安（霊性）への心理療法——身体技法と絵画療法の意味について」日本芸術療法学会誌、vol.32、№2、2001年。

⒃安藤治『心理療法としての仏教——禅・瞑想・仏教への心理学的アプローチ』法藏館、2003年。

⒄安藤治『福祉心理学のこころみ——トランスパーソナル・アプローチからの展望』ミネルヴァ書房、2003年。

⒅ Ansbacher, H. Alfred Adler. in Comprehensive Textbook of Psychiatry. eds. H. Kaplan, A. Freedman, B. Sadock. 3rd ed., Baltimore ; Williams and Willkins, 724-740, 1980.

⒆ Astin, J.A. Stress reduction through mindfulness meditation. Effects on Psychological symptomatology, sense of control, and spiritual experiences. Psychotherapy & Psychosomatics. 66(2), 97-106, 1997.

⒇ Benson, H., Beary, J.F., Carol, M.P. The Relaxation Response. Psychiatry, 37, 37-46, 1974.

(21) Benson, H, Frankel F.H. et al. Treatment of anxiety : a comparison of the usefullness of self-hypnosis and a meditational relaxation technique : an overview. Psychother Psychosom 28(229-242), 1978.

(22) Boals, G.F. Toward a Cognitive Reconceptualization of Meditation. Journal of Transpersonal Psychology. 10, 143-82, 1978.

(23) Boestler, R.W., Kornfeld,H.S. Meditation as a Clinical Intervention. J.

参考文献

⑴Achterberg, J. Imagery in Healing. Boston and London, Shambhala, 1985.（『自己治癒力――イメージのサイエンス』井上哲彰訳、日本教文社、1991年）

⑵安藤治「離人症の精神療法過程と描画――描画による身体－主体性の回復」芸術療法17、15－23、1986年。

⑶安藤治「自己臭症の精神療法過程と描画」芸術療法19、７－13、1988年。

⑷Ando, O. Zen Sickness and the Crisis of Hakuin. Transpersonal Perspectives in Psychology (Los Angeles). vol.4, No.1, 13-18, April, 1992.

⑸安藤治「離人症の治療」臨床精神医学21⑻、1295－1304、1992年。

⑹安藤治『瞑想の精神医学――トランスパーソナル精神医学序説』春秋社、1993年。

⑺安藤治「トランスパーソナル精神医学の胎動――アカデミズムの壁を超えて」イマーゴvol.７、104－117、青土社、1993年。

⑻安藤治・富沢治・関口宏・飯森真喜雄「祈祷性精神病の今日的意義をめぐって――宗教的実践による精神変調への精神医学的視点」精神科治療学、vol.９⑴、313－320、1994年。

⑼安藤治「トランスパーソナル心理学と宗教」季刊「アズ」33号『宗教とユング心理学』、新人物往来社、169－174、1994年。

⑽安藤治（編）『トランスパーソナル学』vol.１、雲母書房、1996年。

⑾安藤治「ユングとトランスパーソナル心理学」『プシケー』、1997年。

⑿安藤治・佐々木清志・結城麻奈「心理療法と霊性――その定義をめぐって」トランスパーソナル心理学／精神医学。vol.２⑴、１－９、

【著者略歴】

安藤　治（あんどう　おさむ）

花園大学教授（社会福祉学部・福祉心理学科）。精神科医（医学博士）。東京医科大学精神神経科講師、カリフォルニア大学アーヴァイン校客員准教授（精神医学／人間行動学教室）等を経て現職。立命館大学（哲学科）大学院（兼務）、花園大学国際禅学研究機構・禅的教育研究所員（兼務）、日本トランスパーソナル心理学／精神医学会代表。

主な著書

『心理療法としての仏教』（法藏館）、『瞑想の精神医学』（春秋社）、『福祉心理学のこころみ』（ミネルヴァ書房）、『ユング心理学と現代の危機』（共著・河出書房新社）、『俳句・連句療法』（共著・創元社）、『トランスパーソナル学１』（編著・雲母書房）ほか。

訳書に『シャーマニズムの精神人類学（ウォルシュ）』（春秋社）、『魂の危機を超えて（グロフ）』（春秋社）、『自我と力動的基盤（ウォシュバーン）』（雲母書房）、『瞑想とユング心理学（オダージンク）』（創元社）、『テキスト／トランスパーソナル心理学・精神医学（スコットンほか編）』（日本評論社）（いずれも共訳）ほか。

ZEN心理療法

●————2005年2月25日　初版第1刷発行

著　者——安藤　治
発行者——井田洋二
発行所——株式会社 **駿河台出版社**
〒101-0062 東京都千代田区神田駿河台３－７
電話03(3291)1676番(代)／FAX03(3291)1675番
振替00190-3-56669
製版所——株式会社フォレスト
ISBN4-411-00360-0 C0011 ¥1900E

《21世紀カウンセリング叢書》

［監修］伊藤隆二・橋口英俊・春日喬・小田晋

キャリアカウンセリング

宮城まり子

近年厳しい経済状況に見舞われている個人、企業、組織はキャリアカウンセラーの支援を切実に求めている。本書はキャリア自身の本格的なサポートをするために書き下された。

本体1700円

実存カウンセリング

永田勝太郎

フランクルにより提唱された実存カウンセリングは人間の精神における人間固有の人間性、責任を伴う自由を行使させ、運命や宿命に抵抗する自由を自覚させ、そこから患者独自の意味を見出させようとするものである。

本体1600円

ADHD（注意欠陥／多動性障害）

町沢静夫

最近の未成年者の犯罪で注目されているADHDについて、90年代以後の内外の研究成果をもとにADHDとは何かにせまる。そして、この病気にいかに対処するか指針を示してくれる。

本体1600円

芸術カウンセリング

近喰ふじ子

芸術カウンセリングとは言語を中心とした心理療法を基本に芸術（絵画、コラージュ、詩、歌）を介したアプローチをしてゆく心理療法のことである。

本体1600円

産業カウンセリング

石田邦雄

産業カウンセリングは運動指導・心理相談・栄養指導・保健指導などの専門スタッフが協力して働く人の心身両面からの健康保持増進を図ろうとするものである。

本体1600円

PTSD ポスト・トラウマティック・カウンセリング

久留一郎

トラウマとは瞬間冷凍された体験だ。それを癒すには凍りついた体験を解凍し、従来の認知的枠組みの中に消化吸収してゆくことだ。

本体1700円

構成的グループ・エンカウンター

片野智治

いろいろな集中的グループ体験のことである。他者とのふれあいを通してある特定の感情、思考、行動のとらわれなどから自分自身を解放し、人間的成長を目標としているのである

本体1700円

家族療法的カウンセリング

亀口憲治

家族を単に個人の寄せ集めと考えない。むしろ複数の家族成員と同席で面接を行うことによって、互いの関係を直接確認できる。その結果、家族関係をひとつのまとまりのある「心理系」として理解する見方が定着、その見方を基にして、問題の解決へ向けた具体的な援助技法が生み出されてきた。

本体1800円

間主観カウンセリング

伊藤隆二

本書は長年臨床心理学にたずさわってきた著者が身をもって体験してきた結果得た知識を基にして、現代心理学のゆきづまりを打破すべく鋭くその欠点を批判し、その結果、新たな心理学の確立をめざそうとする意欲的な心理学書である。

本体1800円

人生福祉カウンセリング

杉本一義

カウンセラーと、クライアントは一つの出会いによって人生の道連れとなり、共に歩いてゆくのである。本書は、人間が人間として生きる上で最も重要な人間性の活性化と充足を助ける幸福援助学である。

本体1900円

ZEN心理療法

安藤治

この療法は科学的、合理的、論理的検討の眼を潜りぬけ、もはや宗教的修行ではない。日常生活のなかに「気づき」の機会を自分にあたえることができよう。

本体1900円